서당 공부

서당 공부

가르침과 배움의 본질을 말하다

한재훈 지음

사우

비좁고 불편한 글방에서 가르침과 배움의
본질을 명징하게 이해하고, 그 아름답고 지혜로운 전통을 일구어낸
모든 스승과 제자에게 이 책을 바칩니다.

새로 펴내며

《서당 공부, 오래된 인문학의 길》이라는 제목으로 책을 냈던 것이 만 10년 전입니다. 책 내용에도 나와 있지만 서울에서 살던 저는 입학통지서를 받은 일곱 살에 학교가 아닌 서당에서 공부하기 위해 시골로 내려갔습니다. 올해 제 아들이 일곱 살입니다. 이 녀석도 내년이면 입학통지서를 받게 될 겁니다. 그런 일곱 살짜리 아들을 바라보는 저의 마음은 복잡합니다.

제가 한창 '서당'에 관한 강의를 하러 다닐 때 있었던 일입니다. 이 책에서 언급된 내용과 같은 서당 공부에 대해 처음 들어보신 분들이 제게 물었습니다. "자녀분도 선생님처럼 서당에 보내실 거예요?" 그때마다 저는 답했습니다. "아이의 교육에 관한 저의 지분 50%는 서당에 투자하려고 하는데, 나머지 50%의 지분을 갖고 있는 대주주가 계시니 그분의 의사를 물어보고 결정하겠습니다." 다행히도 아들의 엄마인 제 아내도 '서당 공부'를 받아본 적은 없지만 긍정적으로 생각하고 있습니다. 그럼에도 불구하고 제 마음은 복잡합니다.

제가 고민하는 이유는 한 가지입니다. 제가 일곱 살 때 가서 공부했던 그런 서당이 더 이상 이 세상에 존재하지 않는다는 것입니다. 저를 가르쳐주셨던 서당의 선생님들보다 한문 실력이 더 뛰어난 분은 계시지만, 그분들만큼 자기희생적 교육을 행해주실 분은 더 이상 안 계십니다. 여러 명이 무릎을 포개고 앉아야 할 만큼 비좁은 방에 비하면 훨씬 넓고 좋은 시설도 있지만, 정작 그곳에서 함께 몸과 마음을 부대끼며 공부할 학생들이 없습니다. 서당은 선생과 학생이 전부인데, 그 선생과 학생이 없으니 서당이 없다고 하는 것입니다.

안타깝지만 제가 어려서 공부했던 서당과 같은 서당은 이제 없습니다. 하지만 그래서 더욱 서당의 맥이 끊기지 않았으면 하는 바람이 간절합니다. 그런 바람과 함께 저는 가끔 상상을 해봅니다. 서당의 맥을 잇는 서당이 오늘 다시 태어난다면 어떤 모습이면 좋을까 하고요. 어차피 서당은 문화재가 아니라 문화이기 때문에, 정신과 본질은 간직하되 과정과 형태는 얼마든지 수정될 수 있을 것입니다. 제가 마음속으로 그리는 서당은 그곳에서 공부하는 아이들이 '정체성을 가진 국제인'으로 성장하는 서당입니다. 그런 서당에서 자라는 아이들 속에 제 아이가 함께 자랐으면 하고 꿈꿉니다.

저는 작년에 모 방송에 출연해서 인터뷰하던 중에 제 아들이 '정체성을 가진 국제인'으로 성장했으면 좋겠다는 말씀을 드린 적이 있습니다. 제가 염두에 두었던 '정체성'은 빨강이 좋아 보인다고 염색을 고민할 만큼 어리석지 않은 노랑이나, 장미의 향기가 아무리 좋아도 자신의 향기를 귀하게 여길 줄 아는 현명한 매화 같은 것입니다. 이 집안에서 태어났으니 이 집안의 가풍을 잇고, 이 나라에서 태어났으니 이 나라의 역사와 문화를 사랑할 줄 아는 아이였으면 좋겠다고 생각합니다. 그러면서도 전 지구적 과제에 공감하고 온 인류의 문제에 반응할 줄 아는 아이였으면 더욱 좋겠습니다. 날로 심각해지는 환경과 기후 위기 그리고 곳곳에서 발생하는 전쟁 등 국제적 현안에 안타까움을 느끼면서 자신의 역할을 고민하는 국제인으로 내 아이가 자란다면 더 바랄 게 없겠습니다.

《서당 공부, 오래된 인문학의 길》을 처음 세상에 소개한 것이 만 10년 전입니다. 새로운 출판사에서 예쁘게 단장하고 세상에 다시 나왔습니다. 기존의 내용과 크게 달라진 것은 없습니다. 다만 10년 전에는 서당에서 공부했던 저의 경험을 바탕으로 서당이 어떤 곳인지 처음으로 소개하는 데 책을 내는 뜻이 있었다면, 10년이 지난 오늘 일곱 살짜리 아들을 두고 다시이 책을 내는 제 마음은 그 간절함이 조금 더하다는 차이가 있을 뿐입니다. 부디 이 책이 오래된 서당 공부로부터 가르침과 배움의 미래를 만나는 창이 되기를 바랍니다.

2025년 1월
뇌화재(雷花齋)에서 한재훈

머리말_
오늘 우리의 공부를 성찰하고 모색하기 위하여

옛날 중국에서는 매달 초하루가 되면 임금이 백성들에게 월력
(月曆)을 반포했습니다. 임금은 그전에 반드시 종묘에 희생으로
양을 바치고 제사를 드렸습니다. 월력이란 자연이 순환하는 질
서를 기록해놓은 것으로, 계절의 흐름에 맞추어 농사를 짓고
살림도 꾸려가는 백성들의 삶에 없어서는 안 될 귀중한 것이었
습니다. 임금은 월력 반포를 자연의 질서와 백성들의 삶이 만
나는 매우 신성한 일로 이해했고, 때문에 월력을 반포하기 전
반드시 몸과 마음을 깨끗이 하고 엄숙한 예식에 따라 제사를
올렸던 것입니다.

그런데 모든 나라가 백성들의 삶을 희생으로 삼아 부국강
병을 추구하고 침략전쟁에만 몰두하던 춘추전국시대에 접어
들면서 임금은 백성들에게 월력을 반포하면서 더 이상 제사에

는 직접 참여하지 않았습니다. 그저 제사를 담당하는 관리들이 초하룻날 양을 희생으로 잡아 바치는 허례허식만이 관행으로 남아 전해지고 있었습니다.

이러한 당시의 관행을 보고 공자(孔子)의 제자인 자공(子貢)은 임금이 직접 참여하지도 않는 제사에 희생으로 양을 바칠 필요가 없다고 생각했습니다. 그러자 공자는 "자공아, 너는 그 양을 아까워하느냐? 나는 그 예(禮)를 아까워하노라"라고 했다는 이야기가 《논어》·〈팔일(八佾)〉 편에 나옵니다.

우리는 언제부터인가 '현실성' '유용성' '효율성'을 반드시 지향해야 할 최고의 가치인 양 여기면서 살아가고 있습니다. 물론 지금 여기 우리가 발 딛고 숨 쉬는 '현실'을 중시할 때 그 어떤 것도 가치 있는 것이 될 수 있습니다. 또한 그것은 반드시 현재의 삶에 쓸모 있는 것이어야 하며, 이왕이면 적은 노력으로 큰 결과를 얻을 수 있다면 더욱 좋을 것입니다. 이런 측면에서 보면 '현실성' '유용성' '효율성'을 지향하면서 살아가는 삶의 방식은 충분히 권장할 만한 것처럼 보이기도 합니다.

그러나 가만히 생각해보면 삶이란 매우 다양하고 복잡한 결로 엮여서 이루어집니다. 그렇기 때문에 단순히 이러한 기준에 맞추어서만 살아갈 수 없습니다. 예를 들면, 가을에 추수를 많이 했다고 해서 닥쳐올 춘궁기는 생각하지 않고 곳간의 양식을 모두 먹어 치워서는 안 될 것입니다. 겨울에는 털옷만 유용하다고 하여 장롱 속 모시옷을 모두 내다 버려서도 안 됩니다.

　이미 그 의미가 퇴색되어 쓸모없게 된 허례허식을 위해 굳이 양을 희생시킬 필요 없이 월력만 발표하면 된다는 것이 자공의 생각이었습니다. 이러한 자공의 생각은 매우 현실적이고 유용성을 중시하며 효율성에 입각한 것이라 할 수 있습니다. 그러나 스승인 공자의 생각은 달랐습니다. 임금이 백성들에게 월력만 달랑 전달해주고 마는 것이 아니라, 자연의 질서와 백성의 삶이 소통하는 것을 신성시하고 백성들의 삶을 돌보는 것이야말로 임금으로서 해야 할 가장 중요한 책무로 여기는 '위민(爲民)'의 정치가 양을 바치는 제사 속에 담긴 의미라는 것을 공자는 알고 있었습니다. 따라서 제사의 껍데기일망정 양을 바치는 예식을 보존하는 것은 곧 위민 정치의 아름다운 불씨를 보존하는 것이며, 폭력과 전쟁이 만연한 세상에 참다운 정치의 희망을 간직하는 것이라고 공자는 믿었던 것입니다. 이를 '애례존양(愛禮存羊: 예에 깃든 정신이 아까워 양을 바치는 의식을 보존한다)'이라고 합니다.

　'서당'은 현실성이 결여된 과거의 유산임에 틀림없습니다. 또한 하루가 다르게 발전하는 교육 시스템에 비추어 보면 서당은 아무런 쓸모도 없어 보입니다. 그곳에서 가르치고 배우는 방법도 답답하기 짝이 없게 느껴집니다. 그럼에도 불구하고 제가 굳이 '서당'을 이야기하는 까닭은 일종의 '애례존양'

의 마음에서입니다. 이미 없어져버린 서당을 통해 그 안에 스며있는 소중한 가치를 음미하고, 그러한 가치를 통해 오늘 우리가 직면한 문제 상황에 새로운 해결의 단초를 찾아보고자 합입니다. 고대의 예(禮)가 곧 오늘의 문제 상황을 곧바로 해결해주지는 못하겠지만, 그 예에 담긴 진정한 의미 속에서 문제를 해결할 수 있는 단초를 발견할 수만 있다면 결코 희생되는 양 한 마리가 아깝지 않으리라 믿습니다.

전통은 문화재가 아니라 문화라고 생각합니다. 시대의 사유(思惟)가 특정한 실체로 정형화된 것을 문화재라 한다면, 문화는 쉼 없이 사람들의 사유와 호흡하면서 변화하는 것이 아닐까 싶습니다. 따라서 문화를 이해하기 위해서는 그러한 문화를 이룩한 당대인들의 사유를 이해하는 것으로부터 시작해야 합니다. 그들은 어떻게 세계와 자연을 이해했으며, 사람은 어떻게 살아야 하고 세계나 자연과 어떤 관계를 가져야 한다고 생각했는지 알아야 그것들의 종합적 드러남으로써의 문화를 온전히 이해할 수 있기 때문입니다.

시간과 공간은 끊임없이 변화하고, 이 변화의 좌표 위에서 살아가는 사람들의 사유 역시 항상 변화합니다. 그렇기 때문에 우리가 살아온 그 어떤 시대나 사회도 완전무결한 문화를 생산하지 못했으며 앞으로도 그럴 것입니다. 결국 우리의 문화에 대해 끊임없이 고민하고 형성하는 과정만이 있을 뿐입니다. 그렇다고 문화가 마치 진공상태에서 만들어지는 것처럼 착각해서는 안 됩니다. 문화는 언제나 기존의 문화적 토대 위에서 수정되면서 발전해 갑니다. 그런 점에서 전통문화는 새로운 문화를 만들어가는 과정에서 소중하고 지혜로운 참고 체계가 됩니다.

서당을 이야기하는 저는 서당이 단순한 문화재가 아니라 우리의 전통적 사유가 스며 있는 문화로 읽히기를 소망합니다. 어느 박물관에 갔다가 빗살무늬토기나 도자기 파편을 보고서 갖게 되는 소감처럼 "우리의 서당이 이랬었구나!" 하면서 지나치는 것이 아니라, '이런 것이 어떻게 가능했을까' 하는 근본적인 물음이 제기되기를 기대합니다. 그러한 물음이 '서당'을 일구어온 사람들의 사유를 읽으려는 진지한 접근으로 이어지기를 희망합니다. 그리고 서당에 깃든 옛사람들의 사유가 오늘 우리의 공부를 성찰하고 모색하는 신선한 사유로 재해석되기를 간절히 바랍니다.

2014년 2월
한재훈

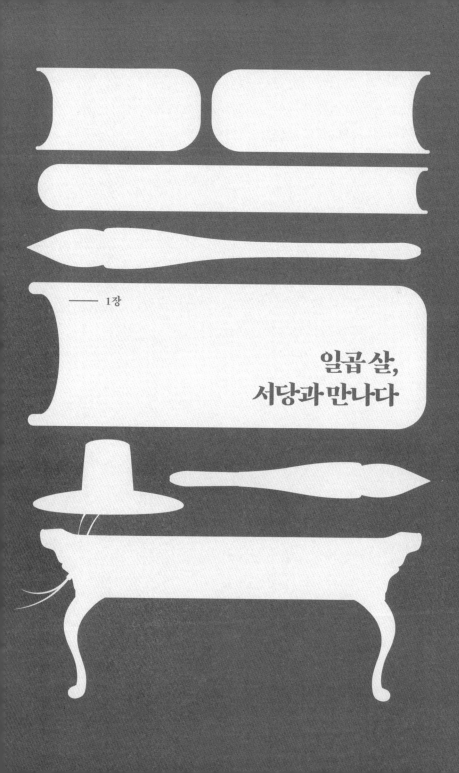

— 1장

일곱 살,
서당과 만나다

난세에 조선의 마지막 선비가
선택한 길

서당 사람들은 '초동서사(草洞書舍)'를 묘사할 때면 입버릇처럼 삼태(三台)와 오봉(五鳳)을 이야기합니다. 삼태는 초동서사 뒤쪽에 병풍처럼 솟은 삼태산을 말하고, 오봉은 서당 앞쪽에 책상처럼 늘어선 오봉산을 말합니다. 삼태산(三台山)은 하늘의 삼태성(三台星)을 본뜬 이름으로, 광양 백운산 산맥이 흘러와 이룬 세 개의 봉우리를 일컫는 표현입니다. 오봉산(五鳳山)은 다섯 마리 봉황새를 뜻하는데, 삼태산이 다시 섬진강을 향해 내려오다가 섬진강을 앞에 두고 멈춰 서 다섯 개의 봉우리[五峯]를 이룬 것을 다섯 마리 봉황새[五鳳]로 묘사한 이름입니다.

삼태산과 오봉산 사이에 토금(土金)이라는 작은 마을이 있는

데, 초동서사는 이 마을 가장 위쪽 조용한 곳에 자리 잡고 있습니다. 이 마을의 원래 이름은 토고미(兎顧尾)였다고 합니다. 마을의 형국이 마치 토끼가 자신의 꼬리를 뒤돌아보는 모습을 닮았다 하여 붙여진 이름이랍니다. 이런 형국은 풍수지리학적으로 난세에 은거하기 알맞은 곳이라 전해집니다. 그런데 이처럼 의미가 깊은 '토고미'라는 이름이 언젠가부터 '토금'이라는 의미맥락도 없는 건조한 이름으로 바뀌었습니다. 이는 아마도 우리나라 지명이 흔히들 그러한 것처럼 일제시대를 거치면서 표기하기 용이한 글자로 바뀌는 과정에서 빚어진 결과가 아닌가 싶습니다.

삼태산 줄기를 따라 내려와서 오봉산 정상에 올라서면 그 아래로 섬진강 맑은 물이 도도히 흐릅니다. 섬진강 너머에는 '토짓들'이라고 하는 넓은 들판이 펼쳐져 있고, 들판 끝에는 지리산 높은 봉우리들이 허리에 구름을 두른 채 웅장하게 버티고 있습니다. 이러한 산수간(山水間)에 서당 하나가 조용히 자리를 잡고 있습니다. 서당의 이름은 '초동서사'. 초동서사의 기둥에는 다음과 같은 주련(柱聯)이 걸려 서당을 설명해주고 있습니다.

長江千里帶 : 기나긴 강물은 천리를 두른 띠요

喬岳萬重帷 : 높디높은 메는 만 겹의 휘장이로다

窈窕兎深隱 : 그윽하기는 토끼가 깊숙이 숨은 형국이요

燦爛鳳下儀 : 찬란하기는 봉황이 내리는 모습이로다

겸산(兼山)* 선생님은 1957년 초동서사의 문을 여셨습니다. 선생님은 본래 전라남도 장흥 건산 분이신데, 율계(栗溪)** 선생을 사사하기 위해 구례로 오시게 되었고, 그 뒤 이곳에 학문과 강학의 공간을 마련하시게 되었습니다. 율계 선생은 노백헌(老柏軒)*** 선생의 문인이고, 노백헌 선생은 조선말 대표적 성리학자인 노사(蘆沙)**** 선생의 문인입니다. 노사의 학통을 계승한 율계 선생이 1927년 전라남도 구례군 토지면 오미리에 덕천정(德川亭)을 짓고 후학을 양성하자 겸산 선생님도 스승을 찾아 장흥에서 구례로 이주를 하신 것입니다. 그리고 10년을 준비한 끝에 구례군 문척면 토금리에 초동서사를 여시게 되었습니다.

평생 유학에 전념하신 겸산 선생님은 항상 갓과 두루마기를 갖춰 입은 선비의 모습을 지키셨습니다. 특히 선생님은 흰옷만 고집하셨는데, 이는 스스로 망국(亡國)의 백성이라 여기

---

* 안병탁(安秉柝: 1904-1994)
** 정기(鄭琦: 1878-1950)
*** 정재규(鄭載圭: 1843-1911)
**** 기정진(奇正鎭: 1798-1879)

셨기 때문입니다. 선생님은 조선왕조가 아직 망하기 전인 1904년에 태어나셨습니다. 즉, 선생님은 조선왕조 시대에 태어나 조선왕조의 멸망을 몸으로 겪으셨기 때문에 스스로 망국의 백성이라 생각하셨고, 따라서 일종의 상복을 입는 의미로 아무런 채색이 들어가지 않은 흰색 옷만을 고집하신 것입니다. 이렇게 스스로를 망국의 백성으로 자임하고 또 그에 부합하는 삶을 사신 것이 시대적 흐름에 역행하는 것처럼 보일 수도 있겠으나, 6백 년 조선의 끝자락에 이런 지조를 가진 마지막 선비 한 분쯤 계셨다는 것은 다행이 아닐 수 없습니다.

나라는 외침으로 인해 멸망하였으나 수백 년 이어온 선비의 학문 정신조차 무너지게 버려둘 수는 없다는 것은 망국의 마지막 선비로서 불가피한 선택이었고 또 당연한 책무이기도 했습니다. 고향을 떠나 스승이 계신 이곳으로 이주하신 것은 그 학문 정신을 사사하기 위함이었고, 길지(吉地)를 찾아 후학을 양성할 서당을 지으신 것도 그 학문 정신을 전승하기 위함이었습니다. 겸산 선생님은 초동서사가 완성되자 그 소회를 〈초동서사원운(草洞書舍原韻)〉이라는 한시에서 다음과 같이 피력하였습니다.

十年始構讀書堂 : 십 년 만에 비로소 글 읽는 집을 마련하고
自許平生伏此岡 : 평생 이 산자락에 은거하리라 다짐하네

佳木種成傳世蔭 : 예쁜 나무들은 세상에 전해줄 그늘을 이루고

名花倘續繼家香 : 이름난 꽃들은 집안에 물려줄 향기를 잇도다

風潮何處有乾淨 : 험난한 세상 어디라고 간정(乾淨)한 곳 있으리

行路如今盡瞿塘 : 가야 할 길이란 오늘날 모두 구당(瞿塘)인 것을

哀草殘牆餘古址 : 시든 풀과 무너진 담장만이 남은 옛터에

我來粧點感懷長 : 내가 와서 손질하고 다듬으니 감회가 무량하다

위 시에서 '간정(乾淨)'이라는 표현은 뽀송뽀송하고 깨끗하다는 말로 안락하고 평온한 곳을 뜻하며, '구당(瞿塘)'은 구당협(瞿塘峽)을 지칭하는 말로 중국 장강의 험준한 협곡 중에 첫 번째 협곡을 가리킵니다. 나라의 멸망과 함께 선비의 학문과 정신 또한 세상으로부터 버림받았습니다. 이러한 현실에서 마지막 선비는 머물 자리도 마땅치 않고 가야 할 길조차 험난했습니다. 그래서 선생님은 이곳에 10년간 공을 들여 서당을 마련하신 겁니다. 세상에 그늘을 전해줄 아름다운 나무를 심는 정성으로 후학을 양성하고자 했고, 집안에 향기를 물려줄 이름난 꽃을 가꾸는 마음으로 자손을 양육하고자 했습니다. 후학과 자손을 바라보며 이 산자락에 은거하고자 서당을 지으셨던 것입니다.

오봉산을 안산(案山)으로 삼고 섬진강 너머 지리산을 바깥 안산(重案山)으로 하는 초동서사는 주산(主山)인 삼태산 아래 조용한 터에 북향으로 지어졌습니다. 서당은 온돌방 2칸과 나무 마루 1칸,

모두 3칸짜리 1자 형의 자그마한 집입니다. 첫 번째 방은 겸산 선생님께서 기거하신 면언당(俛焉堂)이고, 두 번째 방은 제자들이 기거하며 공부하는 서당 방으로 '초동서사(草洞書舍)'라 쓰인 글씨가 방문 바깥쪽 문틀 위에 붙어 있습니다. 면언당과 서당 방은 각각 가로세로 2.5미터 정도로 작은 규모였고, 두 방은 중간에 미닫이문을 사이에 두고 이어져 있습니다. 나머지 1칸짜리 마루는 이름을 소오헌(嘯傲軒)이라 하였고, 면언당에서부터 소오헌까지는 역시 나무 마루로 연결되어 있습니다. 군불을 지피는 부엌은 면언당에서 서당 방 쪽으로 불이 들도록 아궁이를 만들고 처마를 덧대어 공간을 마련했으며, 아궁이에는 소의 여물을 끓이는 쇠죽솥이 걸려 있습니다.

산자락에 터를 잡았기 때문에 마당은 그리 넓지 않았지만, 백일홍·영산홍·목단·치자 등 여러 꽃나무와 난초·국화·파초·작약 같은 화초가 있는 작은 정원 그리고 연꽃을 심고 물고기를 키우는 조그맣고 네모난 연못을 들이기에는 부족함이 없었습니다. 서당 왼쪽에는 큰 매화나무와 감나무가 있었고, 오른쪽에는 삼태산으로 오르는 오솔길이 있었으며, 오솔길과 서당 사이에는 대나무가 늘어서 울을 이루었습니다. 오솔길과 대나무 울 사이로 졸졸거리며 산에서 내려오는 작은 물줄기는 쪼갠 대나무를 잇대어 만든 수로(水路)를 타고 연못에 물을 댑니다. 초동서사는 내가 처음 찾아갔을 때도 이 모습이었고, 내가 초동서사를 떠나올 때도 역시 같은 모습으로 거기 있었습니다. 초동서사에서 공부하던 어느 날 서당의 풍경을 우리 가사시조 형식에 맞춰 읊고 외람되게 '초동별곡(草洞別曲)'이라고 일기장에 적어둔 일이 있었습니다. 아래 그 첫머리를 소개합니다.

섬진강(蟾津江) 허리춤에 오봉(五鳳)이 내렸으니
도원(桃源)이 어드메뇨 초동(草洞)이 여기로다
삼태산(三台山) 하늘가에 홀(笏) 세 개 꽂아 있고
토생(兎生)은 얘기 속에 꼬리를 돌아본다
바람결 송죽림(松竹林)이 서사(書舍)를 둘렀으니
푸르른 너희 기상 선생(先生)과 닮았구나
계족산(鷄足山) 동트기 전 이오성(咿唔聲) 낭랑터니
오산(鰲山)에 달이 져도 끊이질 아니 하네

선비는 높은 산을 보며
큰길을 걸어간다

마지막 선비의 은자적 삶은 선생님의 아호인 겸산(兼山)에 고스란히 담겨 있습니다. 겸산이라는 호는 《주역》 간괘(艮卦)의 의미를 취해 지으신 것입니다. 《주역》의 기본이 되는 8괘(卦)*중에 간(艮)이라는 괘가 있습니다. 간괘는 산(山)을 상징하며, 움직이지 않고 멈춰 있다는 의미를 갖고 있습니다. 《주역》은 3획으로 된 8괘가 다시 8괘와 결합함으로써 6획으로 구성된 64

---

* 8괘의 모습과 이름, 상징은 다음과 같다.

괘	☰	☱	☲	☳	☴	☵	☶	☷
이름	건(乾)	태(兌)	이(離)	진(震)	손(巽)	감(坎)	간(艮)	곤(坤)
상징	하늘(天)	늪지(澤)	불(火)	우레(雷)	바람(風)	물(水)	산(山)	땅(地)

괘를 이루게 되는데, 이때 3획의 8괘를 소성괘(小成卦)라 하고 6획의 64괘를 대성괘(大成卦)라고 합니다. 64괘 중에 52번째 괘는 소성괘인 간(艮)괘 두 개가 결합한 것으로, 대성괘의 이름도 소성괘와 마찬가지로 간(艮)이라고 합니다.[*] 이 간괘를《주역》에서는 다음과 같이 설명하고 있습니다.

> 산이 겹쳐 있는 형상이 간(艮)이니, 군자가 이를 본받아 생각이 그 자리를 벗어나지 않는다.[**]

산은 천만년이 흘러도 언제나 그 자리에 변함없는 모습으로 존재합니다. 겸산(兼山)이란 그런 산이 두 개가 겹쳐 있는 모습을 나타냅니다. 세상이 아무리 험난해졌어도, 가야 할 길이 아무리 험준하다 해도, 변함없이 전승되어야 할 것들은 전승되어야 한다고 겸산 선생님은 믿었습니다. 스승에게 물려받은 선비의 학문 정신을 후학에게 그대로 물려주는 일 그것이 당신이 가야 할 길이요, 그 일을 하는 곳이 곧 당신이 머물러야 할 자리라고 보셨던 것이지요. 겹쳐진 산처럼 이 자리를 벗어나지 않겠다는 다짐을 선생님은 당신의 아호에 담으신 겁니다.

---

[*] 간(艮) : ☶
[**]《주역》〈간괘(艮卦)〉: 兼山 艮 君子以 思不出其位

선비들은 자신이 거처하며 학문하는 집에 재호(齋號)나 당호(堂號)를 지어 답니다. 이름에는 어떻게 수양할 것인지를 다짐하거나 학문에 어떤 자세로 임할 것인지를 일깨우는 의미를 담았으며, 대체로 유가 경전이나 유명한 고전에서 간취하였지요. 예를 들면, 성리학을 집대성한 회암(晦庵)*은 자신이 기거하면서 학문하는 집의 이름을 "경(敬)으로써 내면을 곧게 하고, 의(義)로써 외면을 반듯하게 한다"(敬以直內, 義以方外)는 《주역》의 구절을 취해 경재(敬齋)와 의재(義齋)라 하고, 이 두 가지로 수양하고 학문하는 방향을 삼겠다고 다짐했습니다. 퇴계(退溪)는 도산서당(陶山書堂)을 짓고 자신이 기거할 방을 완락재(玩樂齋)라고 하였는데, 이는 회암이 경재와 의재의 의미를 설명하면서 "이와 같은 방식의 학문과 수양을 즐기노라면 종신토록 싫증나지 않을 것"(樂而玩之, 固足以終吾身而不厭)이라고 한 뜻을 계승한 것이었습니다. 한편, 다산(茶山)의 당호인 여유당(與猶堂)은 노자 《도덕경》에 나오는 "겨울날 강물을 건너는 것처럼, 사방의 이웃을 두려워하는 것처럼"(與兮若冬涉川, 猶兮若畏四鄰.)이라는 말에서 따온 것으로, 조심스러운 마음과 두려움을 잃지 않는 자세로 살아가겠노라는 다짐이 담겨 있습니다.

겸산 선생님이 학문에 정진하셨던 방의 이름은 면언당(俛焉

---

* 주희(朱熹: 1130-1200)

堂입니다. 이 당호는 《예기(禮記)》의 〈표기(表記)〉 편에 나오는 다음과 같은 구절에서 그 의미를 취하신 것입니다.

《시경(詩經)》〈소아(小雅)〉 편에 "높은 산을 쳐다보며 큰길을 걸어간다"는 말이 있다. 공자께서 (이 시를 읽고) 다음과 같이 말씀하셨다. "시(詩)가 인(仁)을 좋아함이 이와 같구나. 도(道)를 향해 가다가 중도에서 그만두더라도, 몸이 늙어가는 줄도 잊고 남은 날이 부족한 것도 아랑곳하지 않은 채, 부지런히[俛焉] 하루하루 애쓰다가 죽은 뒤에나 그만둘 것이다!"*

높은 산과 큰길, 그것은 선비가 지향할 목표이자 실천의 도정입니다. 선비는 고만고만한 산이 아니라 높은 산을 쳐다보며 자신의 목표를 설정합니다. 그리고 그곳에 도달하기 위해 선비는 지름길이 아닌 큰길을 선택합니다. 선비는 유학(儒學)을 공부하고, 그 공부가 궁극적으로 지향하는 요체는 수기(修己)와 안인(安人)입니다. 수기는 자기 자신을 더 나은 사람으로 수양하고 수정해가는 것이고, 안인은 자신과 관계를 맺고 있

---

* 《예기(禮記)》〈표기(表記)〉:〈小雅〉曰 "高山仰止 景行行止" 子曰 "詩之好仁如此 鄕道而行 中道而廢 忘身之老也 不知年數之不足也 俛焉日有孶孶 斃而后已"

는 수많은 사람에게 평안과 안식을 주는 것입니다. 그렇기 때문에 자신에게는 추상(秋霜)같이 엄격하지만 남들에게는 춘풍(春風)처럼 온화한 것이 바로 선비의 모습입니다.

공자는 《시경》〈소아〉 편을 읽고 "시(詩)가 인(仁)을 좋아함이 이와 같구나"라고 감탄했다 합니다. 인은 유학 사상의 가장 대표적인 개념입니다. 《논어》를 살펴보면, 공자는 여러 제자에게 인에 대한 질문을 받았는데, 그때마다 그 제자의 수준에 맞춰 답을 해주었습니다. 그렇기 때문에 그 답은 일정하지 않고 다양합니다. 하지만 인에 대한 공자의 다양한 답을 관통하는 일관된 정신은 바로 극기(克己)와 애인(愛人)입니다. 극기는 자기 자신을 이기는 것이고, 애인은 다른 사람들을 사랑하는 것입니다. 그런 점에서 극기와 애인은 곧 위에서 말한 수기(修己)·안인(安人)과 맥을 같이합니다.

인간에 대한 유학의 관점은 매우 관계론적입니다. 모든 관계 맥락을 제거한 진공상태에서 인간을 이해한다는 것은 이론적으로는 가능할지 몰라도 현실적으로는 성립할 수 없다고 봅니다. 즉, 인간은 다른 인간들과 맺는 다양한 관계망 위에서 존재한다고 보는 것이지요. 관계론적인 인간관은 반드시 윤리를 주목하게 됩니다. 왜냐하면 어떤 관계의 두 주체는 공존하면서 조화로울 수도 있지만, 대립하면서 반목할 수도 있기 때문입니다. 윤리란 관계를 형성하는 주체들 간에 대립과 반목의 가능성은 최소화하면서 공존과 조화의 가능성을 극대화하는 길입니다. 그렇다면 관계의 주체는 자기중심적이고 이기적인 방향으로 흐르기 쉬운 자기 자신을 이겨 나가려는 자세가 우선 필요합니다. 그리고 타인에 대해서는 가능한 한 이해하고 존중하려는 사랑이 필요합니다. 이런 점에서 인은 유학의 관계론적 인간관을 바탕으로 관계 윤리가 지향해야 할 근본정신을 잘 보여주는 개념입니다.

인(仁)이라는 글자는 '사람 인(人)' 자와 '두 이(二)' 자가 합쳐져 만들어졌습니다. 이는 인이 '관계'의 가장 기본단위인 '두 사람'을 전제로 탄생했음을 의미합니다. 따라서 애당초 인이라는 개념에 담아내고자 했던 유학의 관심은 인간사회에서의 관계 윤리였다고 볼 수 있습니다. 하지만 이 인은 성리학이라는 새로운 유학에 의해 그 의미가 더욱 넓어지고 깊어집니다. 성리학자들은 인을 '천지만물(天地萬物)'로 일컬어지는 하늘과 땅 사이에 존재하는 무수한 존재에 대해 공감하고 소통하는 능력으로 확대해서 이해했습니다. 즉, 이 세상 그 어떤 일이나 그 어떤 것도 나와 무관하지 않다는 사상을 인이라는 개념에 담았습니다. 그리고 천지만물과 내가 공감하고 소통해야 하는 이유를 인간 본성에서 확인하고자 했고, 인이 그러한 인간 본성을 대표한다고 설명했습니다.

《시경》〈소아〉 편의 구절을 인(仁)과 연계해서 평했던 공자는 이어서 "도(道)를 향해 가다가 중도에서 그만두더라도, 몸이 늙어가는 줄도 잊고 남은 날이 부족한 것도 아랑곳하지 않은 채, 부지런히 하루하루 애쓰다가 죽은 뒤에나 그만둘 것이다!"라고 했습니다. 인(仁)으로 대변되는 수기(修己)와 안인(安人) 또는 극기(克己)와 애인(愛人)의 정신은 유학이 제시해주는 '높은 산'이요 '큰길'입니다. 더 이상 다른 곳을 바라보거나 다른 길로 빠질 이유가 없습니다. 그저 그 산을 향해 그 길을 걸어갈 일만 남은 것입니다. 공자는 여기에서 우리가 어떤 자세로 학문에 임해야 하는지를 분명히 제시합니다.

공자의 이 이야기에서 특히 주목해야 하는 것은 바로 '중도에서 그만둔다'는 표현입니다. 물론 언뜻 들으면 중도에서 포기한다는 말로 들립니다. 이 말은 그런 뜻이 아니라 오히려 죽는 날까지 그 길을 걸어가겠다는 다짐의 표현입니다. 예컨대, 여기 80세가 되도록 그 길을 걸어간 사람이 있다고 해봅시다. 이때 이 사람이 100세까지 살 수 있다면 그는 그날까지 계속 그 길을 걸어갈 것입니다. 100세까지 살지 못하고 80세에 세상을 떠나게 되었다면 거기서 멈추게 되겠지요. 그렇다면 이 사람은 앞으로도 더 가야 할 길이 남아 있지만 자신에게 허락된 시간이 그뿐이어서 멈추게 되는 셈이고, 이는 또 다른 의미에서 중도에 그만두는 것이 됩니다. 즉, 공자가 말한 '중도에서 그만둔다'는 것은 스스로 포기한다는 것이 아니라 삶이 더 이상 허락되지 않아서 부득이하게 그만두게 된 것을 말하며, 이는 죽는 날까지 그 길을 걸어가겠다는 다짐이기도 합니다.

죽는 날까지 가도 끝나지 않는 길. 이 길은 어차피 백 년을 살든 천 년을 살든 중도에서 그만둘 수밖에 없는 길입니다. 애당초 목적지에 도달한다는 것을 기대할 수 없는 길입니다. 그길이 '높은 산'을 향해 나 있는 '큰길'이기 때문에 가는 것입니다. 이 길은 성취된 결과를 기대하고서는 결코 갈 수 없습니다. 그저 그 길을 가는 것 자체가 의미 있고 가치 있는 것이라는 신념이 있어야만 갈 수 있습니다. 도달할 수 없는 줄 알면서도 나에게 허락된 하루하루를 소중하게 여기면서 부지런히 그 길을 가는 것이고, 죽은 뒤에나 그만두지 죽기 전까지는 계속 가겠노라고 다짐하는 것입니다.

겸산 선생님의 당호인 '면언(俛焉)'은 바로 이런 자세로 자신을 수양하고 학문에 임하겠다는 다짐을 담고 있습니다. 면언의 면(俛) 자는 '고개를 숙이다' 또는 '자세를 굽히다'라는 뜻을 갖고 있습니다. 면(俛) 자가 보여주는 이러한 태도는 특별히 무엇인가에 힘을 집중할 때의 태도를 가리킵니다. 좌고우면하지 않고 한 방향을 향해 고개를 숙이고 자세를 굽혀 온 힘을 쏟는 자세가 바로 면(俛) 자의 뜻입니다. 면언(俛焉)의 언(焉) 자는 '~에 대하여'라는 의미로 해석됩니다. 그러니까 면언(俛焉)이란 앞에서 말한 '높은 산'과 '큰길'에 대하여 온 힘을 기울여 노력한다는 뜻입니다. 실제로 겸산 선생님은 면언당(俛焉堂) 방 안 앉으시는 자리 맞은편 벽에 《예기》 〈표기〉 편의 이 구절을 손수 써서 붙여두셨습니다.

'사람 되는' 공부를 위해
학교 대신 서당으로

내가 처음 초동서사에 입문해 겸산 선생님을 모시고 공부한 것은 열여덟 살 때였습니다. 나는 초동서사에 입문하기 전에도 학교가 아닌 서당에서 공부했습니다. 서울에서 태어나 자란 나는 일곱 살에 초등학교 입학통지서를 받았지만 학교에 가지 않고 큰댁이 있던 전라남도 순천으로 내려가 순천숙당(順天塾堂)에서 한학 공부를 시작했습니다. '글방 숙(塾)' 자를 쓰는 '숙당(塾堂)' 또는 '서숙(書塾)' 등은 모두 '서당(書堂)'의 또 다른 이름입니다. 순천숙당에서 약 5년 동안 공부한 뒤 외가가 있던 전라북도 남원의 남원서당(南原書堂)으로 옮겨 약 6년 정도 공부를 했고, 그 뒤 초동서사로 가게 되었습니다.

3남 2녀 중 셋째(아들로는 둘째)로 태어난 나는 집안의 가풍에 따라 서당에 가게 되었습니다. 우리 집은 할아버지 대부터 갱정유도(更定儒道)라는 민족종교*를 믿어오고 있는데, 갱정유도에서는 우리나라 전통의 교육 내용과 교육방식을 계승하고 있어서 저 역시 서당에서 한학을 공부하게 된 겁니다. 초등학교 입학통지서가 나왔을 때, 부모님은 나를 서당에 보내는 문제를 두고 이견을 보이셨던 모양입니다. 내가 서당에 가기 전 어느 날 부모님은 일곱 살짜리 어린 아들을 앞에 앉히고는 이렇게 말씀하셨습니다. "나는 네가 네 형처럼 서당에 가서 한학을 공부했으면 한다. 그런데 네 어머니는 너를 학교에 보내자고 하시는구나. 네 생각은 어떠냐?" 그렇게 물어보시는 아버지께 나는 "저도 형처럼 서당에 가서 공부할래요"라고 대답했고, 부모님의 이견은 그것으로 해결되었습니다.

　나보다 한참 위였던 형은 지방에 있는 서당에 내려가서 공

---

* 사회가 혼란스럽고 시대가 고통스러울 때, 건강한 민족은 반드시 그 고통을 치유하고 혼란을 해결하려는 움직임을 보이게 됩니다. 춘추전국시대에 이른바 제자백가(諸子百家)가 출현한 것도 이러한 현상으로 이해할 수 있습니다. 민족종교는 구한말과 일제시대라는 내우외환을 겪으면서 이 땅의 민족이 자생적으로 탄생시킨 사상 내지는 종교를 일컫는 표현으로, 당시 우리나라에는 동학(東學)을 필두로 하여 수많은 민족종교가 탄생하게 되었습니다. 종교적 형태와 사상적 교리에는 각자의 독창성을 갖고 있지만, 우리 민족 고유의 얼과 문화를 존중하는 기반 위에서 분열의 사회를 통합하고 상극의 시대를 상생으로 복원시키려 한다는 점에서는 일치합니다.

부하고 있었습니다. 아버지께서 나를 형처럼 서당에 보내 교육하고자 하신 것은 뚜렷한 교육철학이 있으셨기 때문입니다. 자식들을 서당에 보내 교육하는 것이 우리 집안이 믿고 있는 갱정유도의 교육방침에 부합한 것이라서 그러기도 했겠지만, 인성과 예절을 바탕으로 '사람됨'을 지향하는 서당 교육에 대한 확신이 있으셨기 때문이었습니다. 물론 그때 아버지께서 이런 이야기를 해주신 것은 아닙니다. 하지만 나중에 학교 교육의 문제점을 이야기하시면서 '교육이 직업을 갖는 데 필요한 기술을 익히는 과정으로 채워지고, 그 과정이 학생들 간의 치열한 경쟁을 동반한다는 것이 얼마나 비교육적인지'를 지적하셨습니다. 이 지적은 여전히 우리의 학교 교육이 아프게 받아들여야 하는 부분이 아닐 수 없습니다. 교육은 한 사람을 '된 사람'으로 만들어가는 과정이어야 하고, 직업은 그렇게 '된 사람'으로 길러진 누군가에 의해 채워지는 것이 옳다고 아버지는 보신 것입니다. 자식들에게 '사람 되는' 교육을 접하게 해주고 싶으셨던 아버지께서 선택하신 곳이 서당이었습니다.

하지만 어머니는 어찌할 수 없는 모정과 조금은 현실적인 이유로 나를 학교에 보내고 싶어 하셨습니다. 우선은 어머니 스스로 어린 아들을 품에서 떼어놓고 싶지 않으셨던 것이 가장 큰 이유였습니다. 큰아들인 형이야 어쩔 도리 없이 가풍에 따라 멀리 떼어놓아야 했지만, 둘째 아들부터는 그러고 싶지 않으셨던 것이지요. 그리고 당시 친척과 친지들의 이야기가 어머니 마음에 영향을 미치기도 했습니다. 당시 주위 분들은 자식들을 학교에 보내지 않는 우리 집을 보면서 "왜 자식들을 무식을 만들려고 하느냐?"라고 말했습니다. 그분들 생각에는 학교가 아닌 곳에서 받는 교육은 교육이 아니었고, 따라서 그 것은 곧 무식이 되는 길로 가는 셈이었지요. 어머니는 아들을 서당에 보낸다고 해서 무식이 될 것이라고까지는 생각하지 않았지만, 마치 '분산 투자'와 같은 방식으로 자식들에게 이런 교육과 저런 교육을 해보면 좋겠다는 생각을 하셨던 것입니다.

아버지와 어머니는 이 문제를 두고 이견을 보이셨고, 이견이 조정이 되지 않자 본인의 의사를 물어서 결정하자고 하셨나 봅니다. 당사자인 내가 학교가 아닌 서당을 선택함으로써 어머니는 더 이상 학교를 보내자는 주장을 하실 수 없게 되었습니다. 물론 이제 갓 일곱 살밖에 안 된 어린 내가 아버지의 교육철학을 이해해서 아버지의 뜻을 따르겠다고 한 것은 아니었습니다. 돌이켜 생각해보면 당시 내가 학교가 아닌 서당을 선택한 이유는 두 가지였습니다.

첫 번째 이유는 학교 공부는 재미없고 서당 공부는 재미있을 것 같았기 때문이었습니다. 어머니는 당시 내게 요즘으로

치면 학습지라 할 수 있는 '일일공부'라는 것을 시켜주셨는데, 나는 또래에 비해 곧잘 하는 편이었습니다. 하지만 정작 나는 그 공부에 별로 재미를 느끼지 못했습니다. 예를 들면, 왼쪽에 사과 다섯 개가 있는 것을 보고 오른쪽의 숫자 5를 찾아 선으로 연결하는 식의 공부는 별로 흥미롭지 않았습니다. 학교에 가면 이런 공부를 하게 될 것이라 생각한 나는 학교 공부에 대한 기대감이 없었습니다. 하지만 1년에 한두 차례 집에 올라온 형이 가르쳐주던 한자 공부는 매우 재미있었고, 서당에 가면 그런 공부를 할 수 있으리라 기대했던 것이죠.

두 번째 이유는 형과 함께 지내며 공부할 수 있을 것이라는 기대감 때문이었습니다. 큰댁이 있는 순천에서 서당을 다니던 형은 설날이 되어서야 서울 집으로 올라와 보름 남짓 지내다 내려갔습니다. 그렇게 오랜만에 한 번씩 보던 형과 줄곧 함께 지내면서 공부하게 된다는 사실에 나는 신이 났습니다. 그것이 엄마를 떠나야 얻게 되는 것이라는 사실은 전혀 생각지도 못한 채 말입니다. 아무튼 이런 이유로 나는 학교가 아닌 서당을 선택했고, 서당은 그렇게 운명처럼 내게 다가왔습니다.

공부를 처음 시작하는 아이에게 가장 중요한 것

父生我身하시고 : 아버지는 내 몸을 생기게 하셨고

母鞠吾身이로다 : 어머니는 내 몸을 기르셨도다

腹以懷我하시고 : 배로써 나를 품으시고

乳以哺我하시며 : 젖으로써 나를 먹이시며

以衣溫我하시고 : 옷으로써 나를 따뜻하게 하시고

以食活我하시니 : 밥으로써 나를 살리시니

恩高如天하고 : 은혜의 높음은 하늘과 같고

德厚如地로다 : 덕의 두터움은 땅과 같도다

서당에 들어가서 내가 처음 만난 책은 《사자소학(四字小學)》이었고, 《사자소학》이 맨 처음 내게 들려준 이야기는 내 몸이 생기고 길러져서 이렇게 존재할 수 있는 것이 모두 부모님의 은덕이라는 사실이었습니다. 서당에서 하는 글공부는 이렇게 시작되었습니다. 《사자소학》을 통해 나는 부모님께 효도해야 하는 이유와 방법을 배웠고, 그다음에는 형제 사이의 우애, 스승에 대한 도리, 친구들과 사귈 때 유념해야 하는 것들에 대해 배워나갔습니다.

글공부를 이제 막 시작하는 아이들에게 이런 내용의 책을 먼저 가르치는 까닭은 앎의 기반과 몸의 습관을 관계 윤리라는 일관된 방향에서 형성해나가기 위함입니다. 처음 글공부를 시작하는 아이에게는 글자나 문장을 익히는 것도 물론 중요합니다. 하지만 어린아이가 글공부를 시작한다는 것은 이 아이가 세상을 인식하는 틀을 제공해줄 지식의 세계에 첫발을 내딛는 것을 뜻합니다. 지식을 많이 축적하는 것을 목표로 하기 전에 올바른 방향을 먼저 정립하는 것이 중요합니다. 왜냐하면 방향이 그릇된 지식은 높게 쌓고 날카롭게 벼를수록 위험한 것으로 변질되기 때문입니다. 또한 아이는 글공부에서 배운 내용을 '옳음'으로 수용함으로써 어떤 상황에서 어떻게 대처해야 하는지를 몸에 새기게 됩니다. 그렇게 새겨진 방식에 따라 움직일 때 몸은 자연스러움을 느낍니다. 그것이 이른바 습관입니다. 글공부의 시작은 앞으로 쌓아가게 될 지식의 올바른 방향을 잡고, 몸이 올바른 방식을 자연스럽게 습득하도록 하는 첫 걸음입니다. 그런 점에서 《사자소학》은 관계 윤리를 중시하는 전통 교육의 마중물로서 제격이라 할 것입니다.

《사자소학》을 떼고 두 번째로 만난 책은 《추구(抽句)》였습니다. 《추구》는 《사자소학》과 비교하면 몇 가지 점에서 대비됩니다. 우선 책의 형식 면에서 《사자소학》이 한 줄당 네 글자씩 이루어져 있는 데 비해, 《추구》는 다섯 글자가 한 줄을 이룹니다. 또한 내용 면에서도 《사자소학》은 《소학(小學)》에 근거를 두기 때문에 윤리적인 내용이 많은 데 비해, 《추구》는 한시(漢詩)를 뽑아 엮은 책이라 풍경이나 사물에 대한 시적 표현이 주된 내용입니다. 그렇기 때문에 《사자소학》은 대체로 인간관계와 행동거지를 나타내는 표현이 많고, 《추구》는 주변 사물의 이름과 상태를 묘사하는 표현이 많습니다. 《추구》 첫 부분의 몇 구절을 살펴보면 다음과 같습니다.

天高日月明이요 : 하늘이 높으니 날과 달이 밝고,
地厚草木生을 : 땅이 두터우니 풀과 나무가 나도다.
春來梨花白이요 : 봄이 오니 배꽃이 하얗고,
夏至樹葉靑을 : 여름이 이르니 나뭇잎이 푸르도다.
秋涼黃菊發이요 : 가을은 서늘하니 누런 국화꽃이 피고,
冬寒白雪來를 : 겨울은 차가우니 흰 눈이 내리도다.

《추구》는 두 줄이 한 쌍이 되어 구(句)를 이루며, 모든 구는 대체로 대구(對句) 형식으로 되어 있습니다. "하늘이 높으니 날과 달이 밝고[天高日月明], 땅이 두터우니 풀과 나무가 나도다[地厚草木生]"라는 구를 예로 들어 설명해보겠습니다. 이 두 줄은 글의 주제가 각각 하늘과 땅의 현상을 이야기하고 있다는 점에서 대구 형식을 이루고 있습니다. 하지만 이 글은 주제뿐만 아니라 주제를 표현하는 방식에 있어서도 대구 형식으로 되어 있습니다. '하늘'[天]에 대해 '땅'[地], '높다'[高]에 대해 '두텁다'[厚], '해와 달'[日月]에 대해 '풀과 나무'[草木], '밝다'[明]에 대해 '나다'[生] 등이 그렇습니다. 즉, 명사가 나오면 명사로 받고, 형용사가 나오면 형용사, 동사가 나오면 동사로 받아서 전체적으로 대구 형식을 통해 균형감을 갖춘 글을 완성하는 것입니다. 이러한 구성 방식은 아이들에게 글의 내용을 이해시키는 데 효과적일 뿐만 아니라, 이러한 글의 구성에 익숙해짐으로써 글쓰기를 통해 자신의 생각을 명료하게 표현하는 데도 도움을 줍니다.

서당 글공부라고 하면 으레 "하늘 천[天], 따 지[地], 검을 현[玄], 누를 황[黃]" 하고 시작하는 《천자문(千字文)》을 먼저 배울 것이라고 상상하는 분이 많습니다. 하지만 《천자문》은 처음 글공부를 시작하는 아이가 배우기에는 매우 어려운 책입니다. 많은 분이 알고 있는 것처럼 《천자문》에는 같은 글자가 두 번

이상 나오지 않습니다. 그러면서도 "천지현황(天地玄黃)"과 같이 네 글자로 이루어진 모든 글귀는 철학적 또는 윤리적 의미를 담고 있거나 역사적 사실을 보여줍니다. 어려운 글자도 많이 등장할 뿐만 아니라, 어린아이가 글의 내용을 온전히 이해한다는 것은 불가능합니다. 오죽하면 주흥사(周興嗣:?~521)가 《천자문》 짓기를 마치고 나서 머리가 백발이 되었다 하여 《백수문(白首文)》이라는 별칭으로 불렸겠습니까. 이런 이유로 인해 나 역시 《천자문》은 《사자소학》과 《추구》를 모두 뗀 다음에 배웠습니다. 심지어 서당에 따라서는 《천자문》은 아이들이 배우기에 적합하지 않다 하여 아예 교재로 채택하지 않기도 합니다.*

---

* 특히 다산 정약용 선생은 〈천문평(千文評)〉이라는 글에서 《천자문》 구성의 비체계성을 지적하면서, 글공부를 처음 하는 아이들의 교재로 적합하지 않다고 지적했습니다.

서당의
커리큘럼

서당에서 채택하는 교재와 교육 과정 그리고 교육 방법은 전적으로 그 서당을 이끌어가는 선생님[*]의 방침에 따릅니다. 따라서 사서삼경(四書三經)과 같은 경전 공부로 접어들기 전 단계에 배우는 교재는 서당마다 다르게 채택할 수 있고, 교육 과정과 교육 방법 역시 각기 다른 전통을 갖습니다. 특히 글 공부를 처음 시작하는 아이들에게 어떤 교재를 어떤 순서에 따라 가르칠지는 순전히 선생님의 판단에 따르게 됩니다. 또

---

[*] 서당 선생님을 요즘은 대체로 '훈장님'이라고 알고 있고, 실제로 그렇게 부릅니다. 하지만 내가 서당을 다닐 때는 '선생님'이라고 불렀으며 '훈장님'이라고 불러본 적이 없습니다.

한 같은 이름의 교재를 사용한다 하더라도 《천자문》과 달리 《사자소학》이나 《추구》처럼 편저자가 분명하지 않거나 내용이 정형화되어 있지 않은 경우에는 선생님의 재량에 따라 내용을 보태거나 빼서 가르치기도 합니다. 그럼에도 불구하고 글공부를 처음 시작하는 아이들은 아직 한문 문장에 익숙하지 않기 때문에 한 줄당 네 글자나 다섯 글자로 구성된 교재를 가르쳐서 한자와 한문에 친숙해지도록 한다는 점에서는 대체로 일치합니다.

이러한 교재를 배우고 나면, 이제는 조금 더 긴 문장으로 구성된 교재를 배웁니다. 대표적인 것이 《학어집(學語集)》입니다. 《학어집》 역시 누가 언제 처음 지었는지 분명치 않고, 따라서 그 내용 또한 서당마다 약간씩 다릅니다. 《학어집》의 뜻은 '말 배움 모음집'이라 할 수 있습니다. 즉, 주변에서 만나는 다양한 대상을 한문 문장으로 간단하게 설명해놓은 것입니다. '하늘'과 '땅'으로 시작되는 《학어집》에는 해와 달과 별 등의 천체와 춘·하·추·동 계절에 이르기까지 하늘과 관련된 주제가 등장하고, 땅과 관련해서는 동·서·남·북의 방위를 비롯해 산과 강 등이 등장하며, 그 사이에 존재하는 갖가지 동물과 식물 등 다양한 대상이 간단한 한문 문장으로 설명되어 있습니다. 《학어집》에 가장 처음 등장하는 하늘[天]과 땅[地]에 대한 내용을 예로 들어보겠습니다.

天이라. 天者는 蒼蒼在上하야 輕淸而至高하니 日月星辰이 繫焉이로다.

> 하늘이라. 하늘이란 것은 푸르고 푸르게 위에 있어서, 가볍고
>
> 맑고 지극히 높으니, 해와 달과 별들이 매달렸도다.

地라. 地者는 茫茫在下하야 博厚而至大하니 山川草木이 載焉이로다.

> 땅이라. 땅이란 것은 아득하고 아득히 아래에 있어서,
>
> 넓고 두텁고 지극히 크니,
>
> 산과 내와 풀과 나무가 실렸도다.

하늘과 땅은 글공부를 처음 시작하는 아이들도 다 아는 대상입니다. 이렇게 《학어집》에 등장하는 주제 대상은 대체로 아이들도 이미 듣거나 보아서 알고 있는 친숙한 것들입니다. 주제 대상이 친숙하다는 것은 아이들로 하여금 자신이 그것을 알고 있기 때문에 충분히 배워나갈 수 있다는 자신감을 갖게 합니다. '하늘'과 '땅'에 대한 설명에서도 확인할 수 있는 것처럼, 《학어집》은 주제 대상을 설명할 때도 그 대상이 갖는 확인 가능한 특징을 잘 포착하여 매우 쉬운 말로 설명합니다. 이는 《천자문》의 처음 문장이 '하늘'과 '땅'을 각각 《주역》의 이론을 차용해 '검다'[玄]와 '누렇다'[黃]로 설명하는 것과 비교할 때 차이가 큰 설명 방식입니다. 뿐만 아니라 《학어집》은 주제 대상을 설명할 때 여러 개 문장을 조합해 설명함으로써 아이들에게 한문 문장이 전개되는 방

식과 대상을 논리적으로 설명하는 방법을 자연스럽게 익힐 수 있도록 합니다.

　서당을 연상할 때《천자문》과 더불어 가장 유명한 교재를 꼽으라 하면 단연《명심보감(明心寶鑑)》이 꼽힐 것입니다. '마음을 밝히는 보배로운 거울'이란 뜻의 제목을 가진《명심보감》은 경전과 역사서를 포함한 다양한 동양고전 중에서 자신을 성찰하고 삶의 좌표로 삼을 만한 200여 문장을 가려 뽑아 엮은 책입니다. 나 역시 이 책을 배우기는 했습니다만, 이 책은 유가(儒家) 경전 이외의 내용도 섞여 있다 하여 유학 사상에 투철한 선생님은 교재로 채택하지 않는 경우가 많았습니다.

올바른 몸과 마음의
습관을 기르려면

글공부가 이 정도까지 오려면 아이들의 능력에 따라 차이가 나기는 하지만 보통 몇 년이 걸립니다. 따라서 한문에도 웬만큼 적응이 되었다고 볼 수 있습니다. 이제 글공부도 한 단계 질적인 도약을 하게 됩니다. 그때 만나는 책이 바로《소학(小學)》입니다.《소학》은 여러 측면에서 지금까지 배워온 교재들과 확연히 구별됩니다. 우선《소학》은 앞서 언급한 교재들과 비교했을 때 분량 면에서 월등히 차이가 납니다.《소학》은 크게 내편(內篇)과 외편(外篇)으로 나뉘는데, 내편은 총 214장이고 외편은 총 172장입니다. 이때 장이라 함은 세부 주제를 설명하기 위해 여러 고전에서 인용한 내용의 수를 말합니다.《소학》은 내용에 있어서도 훨씬 구체화되고 심화된 윤리적 내용으로 가득합니다. 예를 들면, 내편은 입교(立敎: 가르침을 세우다), 명륜(明倫: 윤리를 밝히다), 경신(敬身: 자신을 공경하다), 계고(稽古: 옛것을 통해 확인하다) 등 4개의 편으로 구성되어 있고, 외편은 가언(嘉言: 훌륭한 말씀)과 선행(善行: 훌륭한 행적) 2개의 편으로 구성되어 있습니다.

《소학》은 성리학을 집대성한 주자(朱子)가 아이들의 신체와 의식을 윤리적인 내용에 익숙해지도록 교육하기 위해 편찬한 책입니다. 습관은 제2의 천성이라는 말도 있듯이, 습관은 우리의 의식을 지배합니다. 우리에게 편안함 또는 안정감을 주는 신체적 습관은 우리가 어떤 상황에서 판단하고 결정하고 대응하는 의식 작용에 영향을 주기 마련입니다. 물론 바람직한 관점과 사유 방식을 다양하고 폭넓게 학습함으로써 의식 자체가 힘을 갖게 만드는 공부는 절대적으로 필요합니다. 하지만 이런 공부는 어느 정도 수학능력이 갖추어진 다음에야 진행하게 되며, 아이들에게 처음부터 그런 공부를 요구할 수는 없습니다. 따라서 우선은 아이들이 윤리적인 내용에 익숙해짐으로써 윤리적인 행동에 거부감을 갖기보다 편안함과 안정감을 갖도록 인도하는 것입니다.

여기에서 우리는 윤리에 대해 생각해볼 필요가 있습니다. 어떤 건축물이 있다고 가정해보지요. 건축물이 지향하는 것이 무엇이겠습니까? 건축물 자체의 완벽한 아름다움일 것입니다. 그렇다면 건축물은 그 자체로 아름답기만 하면 충분한 것일까요, 아니면 다른 무엇이 더 고려되어야 할까요? 모든 건축물은 어떤 터 위에 자리를 잡고 존재합니다. 그 터에는 그 터의 고유한 풍광이 있었을 겁니다. 그런데 만일 건축물 하나가 들어서게 됨으로써 그 터 고유의 풍광을 망쳐놓았다면 어떻게 될까요? 우리는 이런 상황에서도 여전히 건축물 자체가 아름답기만 하면 된다고 볼 수 있을까요? 아니면, 그 건축물의 아름다움이 터의 풍광과도 조화로워야 한다고 보아야 할까요? 여기에서 우리가 고민하는 주변 풍광과의 조화가 바로 윤리입니다. 윤리란 관계를 고려하고 중시할 때만 그 필요성이 제기됩니다. 유학에서는 인간을 이해할 때 철저하게 관계적 존재라는 관점에서 출발합니다. 부자유친(父子有親)·군신유의(君臣有義)·부부유별(夫婦有別)·장유유서(長幼有序)·붕우유신(朋友有信)과 같은 오륜(五倫)이 그렇고, 관혼상제(冠婚喪祭)와 같은 중요 의절 역시 마찬가지입니다.

《소학》을 다 배우고 나면 이제《대학(大學)》·《논어(論語)》·《맹자(孟子)》·《중용(中庸)》 순으로 이어지는 사서(四書)를 배우게 되고, 그다음으로는《시경(詩經)》·《서경(書經)》·《주역(周易)》의 삼경(三經)을 배우게 됩니다. 서당에서는 사서삼경(四書三經)을 합쳐서 칠서(七書)라고 부르는데, 서당의 경전 공부는 이 칠서를 중심으로 이루어집니다. 칠서를 다 배우고 나면, 《대학》부터 다시 사서(四書)를 차근차근 공부해 나가는 이른바 재독(再讀)을 하기도 하고, 《예기(禮記)》나 《춘추(春秋)》 등 다른 경전을 배우기도 합니다. 하지만 사서를 모두 재독하지는 못하더라도 《대학》과 《중용》 정도는 재독한 다음 다른 경전을 공부하는 것이 일반적입니다.

2장

서당에서 하는
공부

글 외우기로 시작하는
아침 공부

서당의 하루는 아직 동이 트지도 않은 이른 새벽, 선생님의 기침과 함께 시작됩니다. 기침이란 잠자리에서 일어난다는 뜻의 기침(起寢)도 되지만, "어험, 어험" 하는 선생님의 헛기침 소리를 뜻하기도 합니다. 초동서사의 경우 선생님의 방과 학도들의 방이 중간에 미닫이문 하나를 사이에 두고 연결되어 있습니다. 그래서 이 헛기침 소리는 선생님께서 잠자리에서 일어나셨음을 알리는 소리이자, 제자들에게도 이제 잠자리에서 일어나라고 일러주는 소리입니다. 이렇게 선생님의 기침 소리와 함께 서당의 하루가 시작됩니다.

선생님은 이부자리에 앉으신 채로 불도 켜지 않은 상태에서 여러 글을 암송하십니다. 선생님께서 구체적으로 어떤 글을 외우시는지 여쭤보지는 않았지만, 대체로 평생 잊지 않고 가슴에 담아두어야겠다고 여기는 글을 외우셨을 겁니다. 암송은 대략 30분에서 1시간 동안 이어지며, 암송 소리는 그리 크지 않습니다. 선생님들이 이른 새벽에 일어나 글을 외운 전통은 이미 퇴계 선생 당시부터 이어져 온 것입니다. 학봉(鶴峯)[*]이 자신의 스승인 퇴계 선생의 언행을 기록한 〈퇴계선생언행록(退溪先生言行錄)〉을 보면 다음과 같은 내용이 있습니다.

신유년(1561) 겨울. 선생님께서는 도산(陶山)의 완락재(玩樂齋)에 계셨다. 닭이 울면 일어나셔서 반드시 장중한 목소리로 글을 한동안 외우셨다. 자세히 들어보니 《심경부주(心經附註)》였다.[**]

선생님이 글을 외우기 시작하면 제자들도 잠자리에서 일어나 역시 이부자리에 앉은 채로 글을 외웁니다. 제자들이 외우는 글은 근래에 배우고 있는 경전의 글입니다. 이렇게 기존에 배워온 글을 '밑글'이라고 합니다. 밑글은 앞으로 배워나갈

---

[*] 김성일(金誠一: 1538-1593)

[**] 《학봉집》 속집5, 〈퇴계선생언행록〉: 辛酉冬 先生居陶山玩樂齋 鷄鳴而起 必莊誦一遍 諦聽之 乃《心經附註》也

글의 바탕이 되는 글입니다. 초석이 잘 다져져 있어야 집이 견실하게 지어지듯, 밑글을 익숙하게 외우고 있어야 공부가 착실해질 수 있습니다. 제자들의 밑글 외우는 소리는 제법 낭랑하고 씩씩합니다.

제자들이 외우는 밑글은 보통 보름치에서 한 달치 정도가 일반적입니다. 서당의 학도들은 매일매일 새로운 글을 배워서 백 번 정도 읽고 외우게 되는데, 여기에 최소 보름 전에 배운 글을 모조리 외우고 있어야만 새벽 이부자리에서 외울 글이 있게 됩니다. 만일 그렇지 못하면 외울 글이 없어서 가만히 앉아 있어야 합니다. 선생님은 당신의 글을 외우면서 제자들의 글 외우는 소리를 듣습니다. 이때 누군가의 글 외우는 소리가 들리지 않으면 "아무개는 왜 글 읽는 소리가 들리지 않느냐?"라고 하십니다. 이럴 때 제자는 참 난감하고 죄송하고 어찌할 바를 모릅니다. 그렇다고 책을 보고 읽을 수도 없습니다. 왜냐하면 아직 날이 새기 전이고 불을 켤 수 없기 때문입니다.

글자 그대로 해석하자면 '글 집'이라 할 수 있는 서당은 이름 그대로 이렇게 글 외우는 소리로 하루를 엽니다. 글 외우기가 어느 정도 끝나면 선생님은 손수 이불을 개고 세수를 하고 의관을 갖추십니다. 그러면 제자들도 글 외우기를 마치고, 이부자리 정리와 방 청소 등을 나누어 한 다음 각자 아침 공부를 준비합니다. 이때 어떤 제자는 선생님 방으로 건너가 선생님

방을 청소하고, 또 어떤 제자는 연세 높으신 선생님께서 밤사이 소변을 보아놓은 유기 요강을 비우고 깨끗이 씻어놓기도 합니다.

서당의 아침 공부는 그날 공부할 새로운 글을 배우는 것으로 시작됩니다. 제자들은 수업할 내용을 그 전날 저녁에 예습을 해놓았다가 아침에 선생님께 점검받고 설명을 듣습니다. 전날의 예습은 각자 내일 새로 배울 글의 분량을 스스로 정한 다음, 글자 하나하나부터 글의 내용과 그 속에 담긴 의미까지 스스로 찾아보고 해석하면서 미리 준비합니다. 이런 예습 과정을 서당에서는 '토를 뗀다'라고 표현합니다. '토'는 한문을 읽을 때 쉽게 이해하도록 구절 끝에 붙여놓은 우리말 부분을 가리키며 구결(口訣)이라고도 합니다. 따라서 원칙적으로는 '토를 단다'고 해야 옳습니다. 하지만 서당에서는 구절 단위로 끊어져 있지 않은 한문 문장을 구절 단위로 끊고 거기에 토를 다는 것을 '토를 뗀다'고 표현합니다.

이해를 돕기 위해 예를 든다면 이렇습니다. "학이시습지불역열호(學而時習之不亦說乎)"라는 문장이 있다고 할 때, 이 문장을 구절 단위로 끊게 되면 "학이시습지(學而時習之)"와 "불역열호(不亦說乎)"로 나눌 수 있습니다. 이 문장에 토를 단다면, "학이시습지(學而時習之)면 불역열호(不亦說乎)아"라고 읽게 됩니다. 이렇게 제대로 구절을 나누고 토를 달면 이 문장은 자연스럽게 "배우고 그 배운 것을 시간 나는 대로 익힌다면 또한 기쁘지 않겠는가"라고 해석하게 됩니다. 즉, 어떤 문장의 구절을 끊고 토를 단다는 것은 결국 그 문장을 어떻게 이해했느냐를 보여줍니다. 참고로 이때 이 문장을 "학이시습지면 불역열호아"라고 읽는 것은 '음'을 읽는다고 표현하고, "배우고 그 배운 것을 시간 나는 대로 익힌다면 또한 기쁘지 않겠는가"라고 해석하여 읽는 것은 '새김'을 읽는다고 합니다.

수업은 낮은 과정에 있는 어린 제자부터 시작하는데, 선생님의 수업 방식은 제자의 수준과 상황에 따라 달라집니다. 《사자소학》이나 《추구》를 배우는 제자는 선생님 앞에 가서 글자를 읽습니다. 그러면 선생님은 제자가 알아 온 글자를 바탕으로 음과 새김 읽는 법을 알려줍니다.[*] 그보다 조금 높은 단계인 《소학》 정도 과정에 있는 제자들은 이미 토가 달려 있는 글을 해석하는 데 중점을 두고 수업이 진행됩니다. 즉, 제자는 자신이 전날 준비해두었던 새김을 선생님 앞에 와서 읽으면서 점검받습니다. 이렇게 낮은 과정에 있는 제자들은 배우는 분량 또한 많지 않고 글에 대한 이해도 떨어지기 때문에, 선생님은 글자 하나하나부터 글을 해석하는 방법까지 세세하게 지도

---

[*] 이런 기초적인 수업은 경우에 따라서는 선생님이 직접 하지 않고, 제자들 중에서 수제자쯤 되는 제자가 대행하기도 합니다.

하십니다.

한편 사서삼경 등을 배우는 높은 과정에 있는 제자들은 토가 달려 있지 않은 책으로 배웁니다. 이 정도가 되면 토가 달려 있는 책은 곧잘 해석할 수 있기 때문에, 토가 달려 있지 않은 글의 구절을 나누고 토를 다는 훈련을 하게 됩니다. 따라서 제자들은 선생님 앞에서 자신이 구절을 나누고 토를 단 글의 음을 읽게 됩니다. 선생님은 제자가 음을 읽는 것만 들어보면 굳이 해석하는 것을 듣지 않아도 이 글을 제대로 이해하고 있는지 여부를 판단할 수 있습니다. 선생님은 제자가 떼어 온 토를 수정해줌으로써 잘못을 바로잡습니다. 예를 들면, 제자가 "학이시습지(學而時習之)요 불역열호(不亦說乎)아"라고 읽었다면 선생님은 "요"라는 토를 "면"으로 바로잡아주기만 한다는 것입니다. 그러면 제자도 자신이 글을 어떤 부분에서 잘못 해석했는지 압니다. 또한 이런 수준의 제자들은 배우는 분량도 많고 이미 글에 대한 이해도 높기 때문에, 선생님은 제자가 잘못 보았거나 놓친 부분을 바로잡아주고 제자가 묻는 내용에 대해 답해주시는 방식으로 수업을 진행합니다.

서당에서는 제자 한 사람 한 사람이 모두 다른 책을 공부하는 것이 일반적입니다. 특별한 경우에 비슷한 과정에 있는 제자들을 묶어서 진도를 맞추기도 하지만 대체로 수학능력이 다른 제자들은 이내 각자의 능력에 따라 다시 나뉘기 마련입니다. 서당에서 공부하는 제자 수는 10명 내외이지만, 선생님은 제자 숫자만큼 수업을 하시게 됩니다. 그래서 제자가 열다섯 명 이상이 되면 새벽부터 시작된 수업이 점심을 넘어서까지 진행되기도 합니다. 이런 이유 때문에라도 서당에서 공부하는 학도들의 숫자는 웬만하면 15명 이상을 넘지 않습니다.

붓글씨 공부는
서예가 아니다

아침 식사를 하고 나면 서당에서는 세필(細筆: 작은 붓)로 붓글
씨 공부를 합니다. 일반적으로 대필(大筆: 큰 붓)로 하는 붓글씨
공부는 점심 식사 후에 합니다. 대개 붓글씨라고 하면 예술적
경지를 추구하는 서예를 떠올리기 십상입니다. 하지만 서당에
서 요구하는 붓글씨 공부는 서예와는 조금 방향이 다릅니다.
단적으로 서당 선생님들은 붓글씨와 관련하여 제자들에게
"면추(免醜)만 하면 된다"라고 말씀하십니다. 즉, 붓글씨는 보
기 싫을 정도로 추하지만 않으면 된다는 뜻입니다.

　붓글씨를 잘 쓰는 재능을 필재(筆才)라고 합니다. 붓글씨를
잘 쓸 수 있는 필재를 타고난다는 것은 분명 축복입니다. 하지

만 그것이 곧 필재를 타고나지 못해서 붓글씨를 잘 쓰지 못하는 것은 불행이라는 뜻은 아닙니다. '면추'라는 서당의 붓글씨 기준은 붓글씨가 반드시 예술의 경지에 이르러야 한다는 강박으로부터의 자유를 의미한다고 볼 수 있습니다. 그렇다고 해서 붓글씨를 아무렇게나 써도 된다는 뜻은 아닙니다. 아름다운 예술의 경지는 아닐지라도 추해서 보기 싫을 정도는 아닌 글씨, 잘 쓰지는 못했어도 아무렇게나 쓴 것은 아닌 글씨, 그것은 곧 반듯한 글씨입니다. 한 획, 한 획, 정성껏 글씨를 쓰는 반듯한 정신이 담긴 글씨, 그것이 곧 서당의 '면추'가 지향하는 글씨입니다.

서예를 전문으로 하는 분들은 서당에서 붓글씨를 배운 사람들의 글씨를 '서당체'라고 부릅니다. 본시 서예를 전공하려면 옛날 여러 유명한 명필의 글씨를 우선 모방해서 연습하는 임서(臨書)를 해야 합니다. 이렇게 다양한 서체를 답습한 뒤에는 자신만의 서체를 완성하는 단계에 이르게 됩니다. 서당의 붓글씨는 이런 모범적인 서체에 대한 훈련이 결여된 글씨라는 점에서 '서당체'라고 부르는 것입니다. '서당체'라는 말에는 근본 없는 글씨라는 약간의 멸시가 담겨 있습니다. 하지만 나는 '서당체'라고 불리는 글씨가 참 좋습니다. '서당체'는 재주를 부리지 않은 소박한 맛이 있어서 좋습니다. 무엇보다 '서당체'로 쓴 글씨는 그 글씨를 쓴 사람이 글을 이해하고 썼기 때문에 좋습니다. 서예를 전문으로 하는 분 중에는, 물론 다 그렇지는 않겠습니다만, 글씨는 멋스럽게 쓰지만 정작 자신이 쓴 글의 의미를 온전히 이해하지 못하는 경우도 더러 있기 때문입니다. 언젠가 서예대전에서 대상을 받은 분의 글씨에 오자가 있었다는 웃지 못할 이야기가 보도된 적도 있습니다.

이와 관련해 초동서사에서 있었던 에피소드 하나를 소개할까 합니다. 어느 여름날 읍내에서 서예학원을 경영하던 60대 서예가 한 분이 겸산 선생님을 찾아뵈러 초동서사를 방문한 적이 있었습니다. 겸산 선생님과 서예가는 함께 식사도 하시고, 반주도 여러 잔 드시면서 환담을 나누었습니다. 그렇게 한참 시간을 보내시다가, 겸산 선생님께서 서예가에게 말씀하셨습니다. "자네, 이렇게 어려운 걸음을 했으니 글씨 몇 점 써주고 가시게." 그러자 서예가는 흔쾌히 "아, 그래야죠. 제가 선생님께 해드릴 수 있는 게 그거밖에 더 있겠습니까?" 마침내 지필묵이 준비되자, 서예가는 일필휘지로 "수기치인(修己治人)" 등 몇 점의 글씨를 멋지게 썼습니다. 겸산 선생님도 그 글씨를 보고 매우 만족해하셨습니다.

그러자 선생님께서 부탁 하나를 더 하셨습니다. "그럼, 우리 서당 이름인 '초동서사(草洞書舍)'를 새로 하나 써주게. 지금 붙여둔 글씨는 옛날 내 친구가 써준 것인데 세월이 오래 지나다 보니 다 낡아서 너덜너덜해져 버렸지 뭔가. 자네 글씨로 하나 써주면 고쳐 붙이려 하네." 서예가는 잠시 멈칫하더니 "어려울 건 없습니다만, 제 글씨로 그렇게 하셔도 될지 모르겠습니다" 하면서 겸손해하셨지요. 그러자 겸산 선생님은 "별말씀을 다 하네. 이 정도 글씨면 충분하네"라고 하셨고, 서예가는 어쩔 수 없이 '초동서사(草洞書舍)'라는 글씨를 쓰게 되었습니다. 그런데 곧이어 이상한 분위기가 흘렀습니다. 글씨를 쓰는 서예가의 붓놀림이 아까와는 전혀 달랐고, 그 글씨를 보시던 겸산 선생님의 표정은 일그러졌습니다. 겸산 선생님은 땀을 흘리면서 글씨를 쓰고 있는 서예가에게 말씀하셨습니다. "아까맹키로(아까처럼) 써!"

서예가는 대부분 지인들에게 서예 청촉을 많이 받게 되고, 그 경우 서예가는 자신이 좋아하는 글귀를 써서 주게 됩니다. 서예가는 평소 자신이 좋아하는 글귀를 많이 연습해두기 마련이고, 청촉을 받고 쓴 글씨는 당연히 멋진 작품이 되는 것이지요. 초동서사를 방문한 서예가 역시 처음에는 평소 즐겨 쓰던 글귀를 썼으니 멋진 작품을 선보였지요. 그런데 느닷없이 '초동서사(草洞書舍)'를 써보라고 하니 서예가는 당황했고, 평소 연습을 많이 한 글씨와는 다르게 쓰인 것입니다. 서예가의 이런 속내를 아실 리 없었던 겸산 선생님은 아까와는 너무나 달라진 글씨에 의아할 수밖에 없었고, 지켜보시다가 한마디 하신 말씀이 "아까맹키로 써!"였던 것입니다.

아침에 서당에서 붓글씨 공부를 할 때 붓글씨가 아직 서툰 어린 제자들은 어제 암송했던 글을 붓글씨로 씁니다. 그것을 서당에서는 일과(日課)를 쓴다고 부릅니다. 어제 외운 글을 새벽 이부자리에서도 외웠지만, 이렇게 한 번 더 붓글씨 공부를 겸해서 써보는 것입니다. 글을 외우기 위해 서당에서는 적어도 100번 이상 읽어야 한다고 말합니다. 그러다 보면 자연히 글이 입에 오르게 됩니다. 입에 오른다는 것은 생각하지 않아도 줄줄 외울 수 있는 상태를 말합니다. 어제 외운 글을 일과로 쓰는 것은 입에 오르도록 읽고 나서 정확하게 외웠는지 확인하는 의미가 있습니다. 한문에는 음은 같지만 뜻이 다른 동음이의(同音異義)의 글자도 많고, 또 여러 줄을 외우다 보면 어떤 구절을 빼먹고 외우는 경우도 있습니다. 아직 한문이 익숙하지 않은 어린 학동의 경우 소리로만 외워서는 확인이 되지 않기 때문에 붓글씨로 써서 확인하는 작업이 필요한 것입니다.

공부의 단계가 좀 더 높아지면 아침 붓글씨 공부도 책을 등(謄)하는 방식으로 바뀝니다. 책을 등한다는 것은 붓글씨로 직접 써서 책을 베끼는 필사(筆寫)를 뜻합니다. 자신이 소유하고 있지 않은 책을 선정해 처음부터 끝까지 스스로 베껴 써서 책을 마련하는 것입니다. 아무래도 책을 만드는 과정이니까 더욱 정성 들여 글씨를 쓰게 되고, 그 과정에서 붓글씨도 자연스럽게 늘게 됩니다. 출판 기술이 발전한 요즘의 관점에서 보면 원

시적이라 할지 모르지만, 서당에서 책을 등한다는 것은 붓글씨 훈련과 더불어 자신의 장서를 늘리는 중요한 작업입니다.

책을 등하는 과정은 자신이 등할 책의 분량에 맞추어 한지를 준비하고 등할 책의 글자 크기에 맞는 붓을 준비하는 것으로부터 시작됩니다. 준비된 한지는 책의 규격에 맞도록 재단을 합니다. 재단을 마친 한지는 이슬을 맞히기 위해 새벽녘 풀밭이나 마당에 잠시 널어둡니다. 왜냐하면 한지는 그 자체로 지모(紙毛)라고 하는 미세한 부푸러기를 갖고 있는데, 부푸러기가 붓글씨를 쓸 때 붓의 움직임을 방해하기 때문입니다. 이슬은 너무 많이 맞혀도 안 되고, 너무 조금 맞혀도 안 됩니다. 적당히 종이의 숨이 죽을 만큼 맞았다 싶으면 얼른 거둬들여야 합니다. 이슬 맞힌 종이는 차곡차곡 접은 다음 발로 자근자근 밟아주거나 무거운 물건을 올려놓아야 합니다. 이런 과정을 거치고 나면 한지는 붓글씨를 쓰기에 좋은 상태가 됩니다.

일정한 규격을 갖춘 책을 만들려면 각 장마다 줄의 간격이라든가 글자 크기가 반듯하고 일정해야 합니다. 서당에서 등함을 마친 책의 줄이 반듯하고 글자 크기가 일정할 수 있는 비밀은 바로 간지(間紙)에 있습니다. 한지에 붓글씨를 쓰면 종이에 먹물이 배기 때문에 양면에 글씨를 쓰지 못하고 종이의 중간을 접어서 사용하게 됩니다. 이때 접은 종이 사이에 간지를 끼우게 되는데, 간지 위에 책의 형식에 맞게 일정한 간격과 크기로 된 격자형의 굵은 줄을 미리 그어놓습니다. 이렇게 미리 준비된 간지를 종이 사이에 끼우면 얇은 한지 위로 격자의 칸이 드러나게 되고, 글씨 쓰는 사람은 이 칸에 맞춰 글씨를 써 내려 가면 됩니다. 앞뒤 면을 이렇게 쓰고 나면 간지는 다시 다음 장 사이에 끼워집니다. 이런 방식으로 한 장 한 장 정성 들여 쓰다 보면 한 권의 책이 완성되고, 같은 과정으로 또 다른 책을 선정해 책을 등합니다.

성독,
낯선 글과 친해지기

붓글씨 공부를 1시간 내외로 마치고 나면, 이제 글을 읽어야 할 시간입니다. 서당의 하루 일과 중에서 가장 큰 비중을 차지하는 것이 바로 글 읽기입니다. 사방 2.5평 정도에 지나지 않는 작은 방에 10여 명의 학도가 무릎을 포개고 앉아 저마다 다른 글을 읽습니다. 각자 자신이 내는 소리에 맞춰 좌우로 몸을 흔들며 읽는 모습은 멋스럽다고 하기는 어렵습니다. 각기 다른 여러 목소리가 뒤엉켜 내는 소리 또한 청아함과는 거리가 멉니다. 어떤 면에서 서당의 글 읽는 풍경은 매우 무질서하고 혼잡스럽게 보일지도 모르겠습니다. 하지만 여기에서 글 읽는 모든 사람은 각자 자기의 글을 읽습니다. 여러 사람의 소리 중에서 자신의 목소리를 듣기 위해 서로 목청을 돋웁니다. 같은 시간, 같은 장소에서 글을 읽는 모두는 각자 공부의 주체들입니다. 공부에서 소외되는 이는 없습니다. 어쩌면 이러한 의미만으로도 글 읽는 서당은 세상에서 가장 아름다운 공부방의 모습일 수 있습니다. 그러한 주체적 공부의 함성으로 터져 나오는 이오성(咿唔聲: 글 읽는 소리)은 세상에서 가장 아름다운 소리일지도 모릅니다.

　서당에서는 오로지 그날 새로 배운 글을 읽는 데만 오전에 약 2~3시간, 오후 약 2~3시간을 들입니다. 무려 5~6시간 100번 읽는 것을 목표로 합니다. 최소 100번은 읽어야 새로 배운 낯선 글이 비로소 내 것이 된다고 보기 때문입니다. 그렇다면 서당에서 100번 읽기 즉, 백독(百讀)을 강조하는 이유는 무엇일까요? 백독의 의미를 이해하기 위해 우선 살펴보아야 할 것이 바로 성독(聲讀)입니다. 서당에서는 소리 내어 읽는 이른바 성독을 원칙으로 합니다. 글을 눈으로만 읽는 것을 묵독(默讀)이라고 한다면, 성독은 글을 소리 내어 읽는 것을 말합니다. 일찍이 다산 정약용 선생은 시를 지어 글 읽는 소리의 아름다움을 다음과 같이 묘사한 바 있습니다.[*]

---

[*] 《여유당전서》 권6,〈산 북쪽에서 글 읽는 소리를 듣고 짓다(賦得山北讀書聲)〉 중에서

天地何聲第一淸 : 하늘과 땅 사이에 어떤 소리가 가장 맑은가

雪山深處讀書聲 : 눈 덮인 깊은 산속의 글 읽는 소리리라

仙官玉佩雲端步 : 신선이 옥을 차고 구름 위를 거니는 듯

帝女瑤絃月下鳴 : 선녀가 악기 들고 달빛 아래 퉁기는 듯

(생략)

하지만 무작정 소리 내서 읽는 것을 성독이라고 하지 않으며, 그렇게 읽어서는 도저히 100번을 읽을 수 없습니다. 성독은 장단과 강약이 들어간 가락을 띠면서 읽는 것입니다. 이처럼 성독은 가락의 장단과 강약이 중요한데, 이것은 음표로 정해져 있는 것이 아니라 글을 읽는 이가 느끼는 감정의 흐름이 소리로 드러나는 것입니다. 즉, 성독은 글을 읽는 과정에서 글의 의미와 소통하면서 갖게 되는 흥취의 정도를 소리에 실어 표현한 것이라고 이해할 수 있습니다.[*]

새로 배운 글을 처음 읽을 때는 글의 구조도 낯설 뿐만 아니라 의미도 생경해서 자꾸만 떠듬거리게 됩니다. 하지만 10번,

---

[*] 한 사람이 같은 글을 같은 자리에서 읽어도 느끼는 감정이 다르다면 성독하는 소리는 매번 다를 수밖에 없습니다. 하물며 같은 글이라 해도 읽는 사람이 다르다면 성독하는 방식과 느낌이 다른 것은 너무나 당연합니다. 한 선생님 밑에서 글공부를 한 사람들이라도 저마다 성독하는 것이 다르고, 더 나아가 서당마다 성독하는 것이 다른 이유가 여기에 있습니다.

20번 횟수를 거듭하여 소리 내어 읽다 보면 글과 익숙해지고 의미도 조금씩 보이기 시작합니다. 예로부터 "독서백편의자현(讀書百遍意自見)"이라는 말이 있습니다. 글 읽기를 100번을 하면 뜻이 저절로 드러난다는 뜻입니다. 몰랐던 의미가 보이기 시작하면 자연스럽게 글은 더 재미있어지고, 재미있는 글 읽기는 더욱 흥이 나기 때문에 이오성(咿唔聲)은 한층 자연스럽고 활기차집니다. 성독이 주는 글 읽기의 선순환이라 할 수 있습니다.

　서당에서는 글을 읽는 자신의 목소리가 자신의 귀에 들려야 한다고 강조합니다. 왜 글을 읽는 내 목소리가 내 귀에 들려야 할까요? 성독의 또 다른 의미는 내가 나에게 글을 읽어 주는 것입니다. 눈으로 훑고 머리에 기억하는 묵독은 정보를 빠르게 옮겨서 저장하기 위한 행동처럼 느껴집니다. 하지만 눈으로 보면서 소리 내어 읽고, 그 소리를 귀로 들을 뿐만 아니라, 그 소리에 실린 장단과 고저에 따라 온몸을 좌우로 흔들면서 느끼는 과정이 바로 성독입니다. 나는 나에게 글을 읽어 줌으로써 글과 호흡을 함께하면서 그 속에 온몸을 적십니다. 같은 내용을 100번 소리 내어 읽는 성독은 결코 정보를 빠르게 옮겨 저장하려는 방식과는 거리가 멉니다. 오히려 천천히 글에 다가가서 느끼고 흠뻑 젖으려는 방식입니다.

　서당에서 하는 백독과 관련하여 두 번째로 살펴볼 것은 암송(暗誦)입니다. 암송은 물론 책을 보지 않고 외우는 것을 말합니다. 언뜻 보면 암송은 암기(暗記)와 유사하게 느껴집니다. 하지만 암기가 묵독에 의한 것이라면, 암송은 성독에 의한 것이라는 점에서 다릅니다.[*] 그냥 암기하는 것 자체가 목적이라면 글 읽기 100번을 채우지 않고도 얼마든지 가능합니다. 하지만 서당에서는 앞에서 살펴본 바와 같이 굳이 100번 성독하면서 외우는 암송을 요구합니다. 그것은 암송이 단순히 암기하는 것 이상의 효과가 있다고 보기 때문입니다.

서당의 글공부에서 암송을 중시하는 첫 번째 이유는 그것이 문리(文理)가 트이는 주요한 방편이기 때문입니다. '문리'의 사전적 의미는, '글 속에 담긴 논리와 체계' 또는 '글 속에 담긴 뜻을 깨달아 아는 힘'이라고 되어 있습니다. 그러나 나는 '글의 결' 또는 '글의 결을 느낄 줄 아는 힘'이라고 말하고 싶습니다. 나무에는 나뭇결이 있고, 물에는 물결이 있고, 머리카락도 머릿결이 있듯이 이 세상 모든 것에는 저마다의 결이 있습니다. 그것을 잘 다루려면 그것이 가지고 있는 결을 읽고 느낄 수 있어야 합니다. 나뭇결을 읽지 못하면 나무를 조각할 수 없습

---

[*] 고미숙 선생은 암송과 암기를 비교하면서, 이 두 가지가 공부법으로서 갖는 차이, 더 나아가 각각의 공부법으로 획득한 지식이 사회와 어떻게 관계를 맺는지에 대해 매우 흥미로운 진단을 하고 있습니다. 이에 관해서는 고미숙, 《공부의 달인, 호모 쿵푸스》 (2009, 그린비), 90~99쪽 참조하시기 바랍니다.

니다. 심지어 나무 장작을 팰 때도 나뭇결을 읽지 않으면 안 됩니다. 헤엄을 치거나 배를 운행할 때는 물결을 느낄 줄 알아야 합니다. 그것이 가지고 있는 결에 따라서 그것을 다루는 것을 순리(順理)라고 합니다. 당연히 글에도 결이 있습니다. 따라서 글을 잘 다루려면 그 글이 가지고 있는 결을 읽고 느낄 줄 알아야 합니다. 서당에서는 글의 결에 따라 글을 볼 수 있게 된 상태를 "문리가 났다" 또는 "문리가 트였다"고 표현합니다.

암송, 글의 속뜻에
다가가기

문리를 트는 것과 암송 사이에는 어떤 관련이 있을까요? 사실
어떤 대상물의 결을 읽거나 느끼는 것은 하루아침에 가능한
일이 아닙니다. 수많은 반복 체험과 경험을 바탕으로 하지 않
고는 불가능합니다. 예컨대, 목공예를 하는 분이 나무 자체가
가지고 있는 미세한 결을 읽고 그것을 작품 속에 살려내려면
얼마나 많은 나무와 만나야 했겠습니까? 하지만 나무를 많이
조각해보았다고 모두 그렇게 될 수 있는 것은 아닐 것입니다.
나무를 만날 때마다 섬세한 감각과 예민한 관찰력으로 나무의
각기 다른 결을 읽어내려는 훈련이 반복되고 축적되었을 때만
가능할 것입니다. 100번 성독을 하면서 암송하는 것은 바로

글의 결을 읽어내는 안목을 기르기 위한 반복 훈련인 것입니다. 마치 목공예가가 나무를 어루만지면서 나뭇결을 느끼는 훈련을 하듯이 성독과 암송의 전 과정이 글의 결을 몸으로 느끼는 훈련 과정이라 할 수 있습니다.

"문리가 났다", "문리가 트였다"의 또 다른 표현이 "문안(文眼)이 뜨였다"입니다. '문안'이란 '글을 보는 눈'을 말합니다. '문리'가 '글의 결'이라면, '문안'은 곧 결을 읽어낼 수 있는 눈을 말합니다. 글을 읽는 데 활용하는 방식이 두 가지가 있습니다. 하나는 문법(文法)이고 다른 하나는 문리(文理)입니다. 이 둘은 반드시 상대적인 것은 아니지만, 글에 대한 접근방식에서는 큰 차이가 있습니다. 문법은 글과 상관없이 미리 준비된 틀입니다. 물론 문법이라는 틀은 기존의 많은 글이 가지고 있는 구조나 성격을 참작해서 만들어진 것입니다. 그렇다고 해서 모든 글이 다 문법에 맞게 쓰인 것은 아닙니다. 특히 한문으로 쓰인 글은 기본적인 문법 틀에 포착되지 않는 오래된 글이 많습니다. 이런 글을 볼 때 문법의 틀에만 의지해서는 오히려 글을 제대로 보지 못하는 경우가 생깁니다. 이에 비해 문리는 고정된 틀이 아니라, 글 자체가 가지고 있는 결을 읽어내고 느끼는 일종의 감(感) 같은 것입니다. 문법은 암기로 획득할 수 있지만, 문리는 오로지 수많은 훈련을 통해 체득해야만 합니다. 그래서 문리는 설명하기가 매우 곤란합니다.

문법과 문리의 차이를 보여주는 에피소드 하나를 소개합니다. 지금이야 여기저기 한문을 공부할 수 있는 기관이 많이 있지만, 불과 30년 전만 해도 그렇지 못했습니다. 그래서 동양철학, 한의학, 한문학, 동양사나 한국사 등 전공의 특성상 한문을 공부하지 않으면 안 되는 대학생들이 방학 때면 서당을 많이 찾아왔습니다. 그들은 대학에 들어와서야 한문을 시작한 셈이었지만, 문법을 바탕으로 한문 실력이 그야말로 일취월장했습니다. 문제는 기초를 다지는 과정에서는 기본 문법이 힘을 발휘했지만, 경전 공부에 들어가면 문법으로는 해결되지 않는 글이 많이 등장한다는 것이었습니다. 대학생들은 '이 글이 이렇게 쓰였는데, 왜 이렇게 해석되지 않고 저렇게 해석될까?'라고 난감해하면서 서당 사람들에게 그 이유에 대해 묻습니다. 그러면 서당 사람들은 말합니다. "원래 그런 거야." 대학생들은 답답해서 다시 묻습니다. "아니, 앞에서는 이렇게 쓰였으면 이렇게 해석됐는데, 왜 여기서는 이렇게 쓰였는데 저렇게 해석되느냐고? 이상하잖아." 그러면 서당 사람들은 말하지요. "앞에서는 이렇게 해석해야 했으니까 이렇게 해석하는 거고, 여기서는 이렇게 쓰였더라도 저렇게 해석돼야 하니까 저렇게 해석하는 거야."

사실 서당 사람들은 문법 같은 거 잘 모릅니다. 문법은 그만두고 품사조차 구분하지 않고 글공부를 합니다. 그렇게 해서 어떻게 글을 배울 수 있는지 의아해하실지도 모르지만, 실제 그렇게 공부합니다. 그래서 논리적인 측면이 좀 약하다고 볼 수 있습니다. 대신에 다른 강점이 있습니다. 글의 결을 느끼는 감, 바로 문리지요. 앞의 에피소드에서 서당 사람들이 하는 이야기가 이 점을 잘 보여줍니다. 글을 만날 때, 우리가 글을 읽어내야지, 글이 우리에게 맞출 수는 없는 법이지요. 글이 먼저 있었고, 문법은 글을 읽기 위해 고안된 틀에 불과합니다. 자신이 알고 있는 문법으로 글이 이해되지 않는다면, 그것은 문법에 문제가 있는 것이지 글이 이상한 것이 아닙니다. 그렇게 본다면, '같은 형태의 글이라 하더라도, 이렇게 해석되어야 하는 곳에서는 이렇게 해석하고, 저렇게 해석되어야 하는 곳에서는 저렇게 해석하는 것'이 맞는 것이지요. 서당의 문리는 바로 그 결을 읽어내고 느낄 줄 아는 힘입니다. 그것을 얻기 위해 서당에서는 날마다 100번씩 읽고 암송하고, 그 글을 '밑글'이라 부르며 또 암송하는 것입니다.

서당에서 암송을 중시하는 두 번째 이유는 글을 장악하기 위해서입니다. '장악'이라는 표현이 다소 거칠게 느껴질 수도 있겠으나, 여기서 말하는 장악이란 글을 충분히 소화해서 전체적으로 이해한다는 의미로 썼습니다. 우선 암송을 하면 문장을 외우는 것을 넘어 글의 의미를 이해하는 토대를 다질 수 있습니다. 글의 의미에는 문장을 통해 알 수 있는 표면적인 의미와 문장 이면에 숨어 있는 깊은 의미가 있습니다. 굳이 100 번을 읽고 또 읽어서 암송하게 하는 것은 이 과정을 통해 표면적인 의미는 물론 그 속뜻에까지 다가가기를 바라기 때문입니다. 속뜻에 다가가는 날이 오늘일 수도 있고, 다음의 언제가 될 수도 있습니다. 암송한다는 것은 다음의 그 언젠가에 대한 불씨를 내 안에 보존하는 공부법입니다.

글의 장악은 해당 부분에 대한 이해가 쌓여 경전 전체에 대한 이해로 나아갈 수 있을 때 비로소 완성됩니다. 서당에서 배우는 경전에는 매우 다양한 이야기가 등장합니다. 하루하루 배우는 글은 그 다양한 이야기와 만나는 과정입니다. 다양한 이야기가 하나의 경전에 함께 실려 있다면, 그 이야기를 관통하는 어떤 생각이 있을 것입니다. 경전의 수많은 이야기를 관통하는 생각이 바로 그 경전의 근본정신이라 할 수 있습니다. 글을 장악한다는 것은 글을 배우는 이가 경전의 근본정신을 파악하는 것입니다. 암송은 개별 이야기에 대한 이해를 가능하게 할 뿐만 아니라, 이해된 것들이 서로를 비춤으로써 더 큰 차원의 이해를 가능하게 하는 힘이 됩니다. 암송이 하루하루 글을 외우는 데 머무르지 않고 오래전에 암송한 밑글까지 아우르는 이유가 여기에 있습니다.

독서하는 방법을 여쭈니, 선생께서 다음과 같이 말씀하셨다. "단지 '익히는 것'뿐이다. 무릇 독서하는 사람이 비록 글의 뜻을 훤히 알았다 해도, 만일 익히지 못했다면 읽자마자 잊게 되어 마음에 간직할 수가 없다. 반드시 이미 배웠으면 거기에 데우고 익히는 공을 더해야만 비로소 마음에 간직되어 무젖는 맛이 있게 될 것이다."[*]

이 이야기는 독서 방법에 관해 묻는 제자에게 퇴계 선생이 해주신 답입니다. 퇴계 선생 역시 '익힘'의 중요성을 강조하면서, 글의 뜻을 훤히 알았다 해도 '익힘'이 결여되면 곧 잊게 된다는 점을 경계합니다. 내가 읽는 글의 뜻을 이해하는 것은 중요합니다. 하지만 더욱 중요한 것은 그것이 내 마음에 남아서 삶에 지속적인 영향을 끼치는 것입니다. 그러기 위해서는 글을 대상으로써 이해하는 것만으로는 충분하지 않겠지요. 그래서 퇴계 선생은 '데우고 익히는[溫熟] 공'이 가해져야 한다고 강조한 것입니다. '데움[溫]'은 그것을 식지 않게 하는 것이며, '익힘[熟]'은 그것을 더욱 익숙하게 만드는 것입니다. 이는 곧 글을 배웠으면 그것이 완벽하게 내 것이 되도록 지속적인 관심을 기울여야 한다는 뜻입니다. 그리하여 궁극적으로 나 자

---

[*] 《학봉집》 속집5,〈퇴계선생언행록〉: 問讀書之法 先生曰 "只是熟 凡讀書者 雖曉文義 若未熟則旋讀旋忘 未能存之於心 必也旣學而又加溫熟之功 然後方能存之心 而有浹洽之味矣"

신이 그 글에 무젖는 상태 즉, 글이 완벽하게 내 것이 되어서 글과 내가 하나 되는 상태에 이르러야 한다는 것입니다. 서당에서 백독과 암송을 중시하는 것은 바로 이러한 정신이 계승된 전통일 것입니다.

서당의 시험은
잔치로 끝난다

서당 필수품 중 하나가 서산(書算)입니다. 서산은 서당 사람들이 글 읽는 횟수를 헤아리기 위해 만들어 사용했던 물건입니다. 100번을 읽으려면 한 번 한 번 읽을 때마다 표시를 해두지 않고서는 기억하기 어렵기 때문입니다. 어떤 사람들은 서산을 만들어 사용하는 것이 귀찮아 백지에 '바를 정(正)' 자를 써서 표시하기도 합니다. 하지만 서산은 서당의 글 읽기 풍경에서 빼놓을 수 없는 소중한 데코레이션입니다.

서산은 보통 몇 겹으로 배접한 한지를 이용해 만듭니다. 두툼하고 빳빳하게 배접한 한지로 만들어야 사용하기도 편하고 내구성도 좋기 때문입니다. 서산을 만드는 방식은 편지봉투를 만드는 방식과 매우 유사합니다. 배접한 한지를 크게 3등분하여 양쪽 면은 뒤로 접어 붙이고 윗부분과 아랫부분도 접어서 봉합니다. 그런 다음 앞면이 되는 가운데 면에 1단위와 10단위를 나타낼 부분을 각각 홈을 내서 접을 수 있도록 칼로 오립니다. 이때 안과 밖의 색을 달리하여 접힌 부분이 쉽게 눈에 띄게 하며, 접었다 폈다 하는 부분과 여백 부분은 다양한 모양으로 오려서 멋을 내기도 합니다. 이렇게 만들어진 서산은, 글을 한 번 읽을 때마다 1단위 부분을 접고, 1단위 10개가 다 접히면 10단위 부분을 하나 접는 방식으로 글 읽은 횟수를 헤아리게 됩니다.

단원 김홍도의 〈서당도〉를 보면 훈장님 앞에서 등을 돌리고 앉아 울고 있는 어린 학동이 나옵니다. 훈장님 앞에 책을 놓고 등을 돌리고 앉아 있는 어린 학동은 틀림없이 배강(背講)을 하고 있었을 겁니다. 이 어린 학동이 울고 있는 까닭은 무엇일까요? 해 질 녘에 그날 배운 글을 외워 바쳐야 하는데 그러지 못했기 때문일 것입니다. 서당에 따라서는 해 질 녘에 학동들에게 그날 배운 글을 외워 바치도록 합니다. 그것을 서당에서는 강(講)을 해 바친다고 합니다. 강이란 배운 글을 스승이나 윗사람 앞에서 외우는 것을 말합니다. 일일백독(一日百讀)을 충실하게 했다면 하루 글 강 해 바치기는 문제가 되지 않습니다. 하지만 100번을 채워 읽지 않았거나, 읽었더라도 글 읽는 시간에 정신을 집중하지 않았다면 글을 외우지 못할 수도 있습니다. 철이 들고 공부 단계가 높아지면 하루에 100번을 읽고 외우는 것이 자기 공부를 위해 필요한 것임을 압니다. 하지만 아직 철이 들지 않은 어린 학동은 꾀를 피우기도 합니다. 100번을 다 읽지 않았으면서 서산을 '조작'한다든지, 바를 정(正) 자를 쓸 때 몇 번을 더 긋는다든지 하는 다양한 꾀를 냅니다. 강을 해 바치지 못한 학동은 당연히 회초리를 몇 대 맞겠지요?

　서당에서 강은 여러 형태가 있습니다. 우선 위에서 말씀드린 것처럼 하루하루 해 바치는 일강(日講)이 있습니다. 다음으로는 열흘 배운 글을 모두 외우는 순강(旬講)이 있습니다. 순강은 서당이 쉬는 주기와 관련이 있습니다. 즉, 9일 동안 배운 글을 모두 외우는 순강을 하고 열흘째 되는 날 서당은 쉽니다. 그 밖에 한 달 치를 한꺼번에 외워 바치는 월강(月講)과 1년 동안 배운 글을 모두 외워 바치는 총강(總講)도 있습니다.

　월강과 총강은 일강이나 순강과 비교했을 때 외워야 하는 분량이 많아서 방식이 약간 달라집니다. 일강과 순강은 글을 처음부터 끝까지 모두 외우지만, 월강과 총강은 선생님께서 랜덤 형식으로 강을 받습니다. 즉, 선생님은 제자가 강을 해야 하는 전체 분량 중에서 어떤 부분을 무작위로 골라 그 첫머리 몇 글자를 읽어줍니다. 그러면 강을 바치는 제자는 그 뒷부분을 이어서 외우는 방식입니다. 한참을 외우고 있노라면, 선생님은 그만하라고 하시고는 다른 부분을 무작위로 골라 첫머리를 읽어줍니다. 이렇게 서너 군데를 랜덤 형식으로 외우게 함으로써 제자의 강을 평가합니다.

특히 총강은 서당 1년 공부를 마무리하는 큰 행사입니다. 보통 총강은 설날을 열흘 정도 남긴 세밑에 시행합니다. 총강은 외워야 할 분량이 대단히 많기 때문에 열흘 정도 준비할 수 있는 시간을 줍니다. 제자들은 주어진 시간 동안에 그 해 배운 글을 모조리 점검하고 복습하면서 총강을 준비합니다. 다른 강과 비교했을 때 총강이 갖는 특징은 단순히 외우는 분량이 많다는 데만 있는 것은 아닙니다. 총강 역시 글을 외우는 것이 가장 기본이기는 하지만, 그 외에도 어떤 구절의 뜻을 설명해보라고 한다든지, 어려운 한자를 불러주고 써보게 하는 시험이 추가됩니다. 경우에 따라서는 운자를 주고 한시를 짓게 하는 시험이 곁들여질 수도 있습니다.

총강에서 진행되는 이 모든 시험은 순(純)·통(通)·약(略)·조(粗)·불(不) 다섯 등급으로 평가됩니다. 마치 A, B, C, D, F 학점과 유사한 형태인데, 그 이름에는 다음과 같은 의미가 있습니다. '순'은 완벽하다는 뜻이고, '통'은 막힘없다는 뜻이며, '약'은 보통이라는 뜻이고, '조'는 거칠다는 뜻이며, '불'은 잘하지 못했다는 뜻입니다. 선생님은 총강에 참여한 모든 제자의 각 과목에 대한 평가 결과를 총합하여 장원을 뽑습니다.

장원에게는 특별한 종이 한 장을 줍니다. 종이 위에는 그날 총강에 참가한 사람들의 명단이 적혀 있는데, 모든 참가자가 둘러보는 가운데 선생님은 장원을 한 사람의 이름 위에 '우두머리 괴(魁)' 자를 굵게 써줍니다. 장원은 선생님께 절을 하고 종이를 받습니다. 그러면 모든 참가자가 장원에게 아낌없는 축하를 보내고 장원은 모두에게 감사합니다. 이제 장원이 해야 할 중요한 일이 하나 남았습니다. 그것은 장원 턱을 내는 일입니다. 장원의 학부형은 술을 받아 와 선생님께 감사를 표하고, 떡과 고기(어떤 경우에는 돼지를 잡기도 합니다)를 준비해서 총강에 참여했던 모든 학도는 물론 다른 학부모들과 동네 사람들까지 불러서 한마당 잔치를 벌입니다. 서당의 한 해 공부는 이렇게 긴장감 넘치는 총강으로 마무리되고, 모두가 즐거운 흥겨운 잔치로 대미를 장식하게 됩니다.

서당에서 이런 형태의 총강이 언제부터 시행되었는지는 알 수 없습니다. 모든 서당이 이런 총강을 시행했던 것도 아닙니다. 참고로, 제가 어려서 공부했던 순천숙당과 남원서당에서는 이런 총강을 시행했지만, 초동서사에서는 총강뿐만 아니라 월강이나 순강조차 하지 않았습니다. 새벽에 이부자리에서 밑글을 외우는 정도가 있었을 뿐입니다. 강을 하지 않는 것은, 공부란 자율적으로 보완하고 관리해가는 것이지, 어떤 평가를 전제로 한 시험을 치르기 위해 공부하는 타율적 방식을 지양한다는 의미가 있습니다. 서당에서 하는 강이 학교에서 시행되는 시험과 비교하면 본질적으로 다른데도 불구하고, 공부에 개입할 최소한의 타율적 구조조차 용납하지 않는 공부의 근본 정신을 읽을 수 있습니다.

서당에서 치르는 강에 이처럼 최소한의 타율적 구조가 작동하는 것은 맞습니다만, 학교의 시험과 비교하면 중요한 차이가 있습니다. 서당의 강이 갖는 의미 몇 가지를 살펴보면 다음과 같습니다. 우선 서당의 강은 학동에게 그동안 배워서 외워두었던 글을 다시 점검해보라는 데 목적을 둡니다. 즉, 강을 통해 학동의 성적을 비교해서 석차를 산출하는 데 목적이 있지 않다는 것입니다. 강의 성적 결과는 그날 장원을 뽑기 위해 쓰일 뿐 그 어디에도 쓰이지 않습니다. 때문에 서당의 강에는 장원은 있지만 꼴찌는 없습니다. 장원이 있으니 축하할 일은 있지만, 꼴찌가 없으니 비난이나 좌절할 일은 없습니다. 축하만 있고 좌절이 없기 때문에 서당의 강은 축제로 이어질 수 있는 것입니다. 모두로부터 축하를 받은 이는 기분 좋게 축제 비용을 책임집니다. 강을 준비하는 과정에서 고생했던 모든 참가자는 축제를 통해 기분 좋은 마무리를 할 수 있습니다.

또 한 가지 서당의 강에서 눈여겨보아야 할 대목은, 학동의 수준과 능력을 평가하는 지혜입니다. 서당의 학동들은 학교의 학급처럼 동일한 연령대로 구성되지 않습니다. 서당은 마치 계단 모양과 같은 연령별 구성을 이룹니다. 이렇게 연령이 다르기 때문에 공부하는 과정과 수준도 다를 수밖에 없습니다. 그럼에도 불구하고 강은 학동들의 능력을 공정하게 평가해야 합니다. 즉, 높은 수준에 있는 형과 낮은 수준에 있는 동생의 능력을 같은 형식 속에서 공정하게 평가해야 한다는 것입니다. 서당이 채택하는 방식은 수준은 상대적으로 평가하고, 능력은 절대적으로 평가한다는 것입니다. 만일 수준을 무시하고 능력만을 평가한다면 언제나 높은 과정에 있는 형들만 장원을 할 것입니다. 하지만 서당에서는 각자의 수준을 상대적으로 인정한 다음, 그 수준에서 보이는 능력을 절대적으로 평가합니다. 그러니까 예를 들면 《소학》을 배우는 어린 학동도 자신의 수준에서 훌륭한 능력을 보인다면 《주역》을 배우는 형들보다 좋은 성적을 거두고 장원을 할 수 있는 것입니다.

한시, 규칙에 맞게
지어야 하는 고통

백독과 암송으로 이어지는 글 읽기 공부가 끝나면, 서당 사람들은 이제 한시(漢詩)를 한 수씩 짓습니다. 선생님께서 해 질 녘이 되면 운자(韻字)를 불러주시고, 제자들은 그 운자에 맞추어시를 짓는 것입니다. 이 이야기를 하려면 먼저 한시와 운자에 대해 간략하게 설명해야 할 것 같습니다. 한시는 한 줄당 글자수와 몇 줄로 구성되느냐에 따라 그 형식이 달라집니다. 먼저한 줄당 글자 수가 다섯 글자이면 오언(五言)이라 하고, 일곱 글자이면 칠언(七言)이라 합니다. 한시는 대체로 오언과 칠언입니다. 한시가 모두 네 줄로 구성되어 있으면 절구(絶句)라 하고, 여덟 줄로 구성되어 있으면 율(律) 또는 율시(律詩)라고 합니다. 한 줄당 다섯 글자씩 모두 네 줄로 이루어진 시라면 오언절구라 하고, 한 줄당 일곱 글자씩 모두 여덟 줄로 이루어진 시라면 칠언율시라고 합니다. 이런 방식으로 칠언절구도 있고, 오언율시도 있습니다.

한문에서 모든 한자는 성조(聲調)가 있는데, 성조는 평성(平聲)·상성(上聲)·거성(去聲)·입성(入聲) 이렇게 네 가지 성조 즉, 사성(四聲)으로 분류됩니다. 한시는 기본적으로 운율을 갖고 있는 노래이기 때문에 운자를 낼 때에는 이런 성조를 고려합니다. 사성 중 어떤 계열에서 운자를 내든 상관은 없지만, 반드시 지켜져야 할 것은 모든 운자는 같은 계열에서 내야 한다는 것입니다. 반드시 그런 것은 아니지만 서당에서 운자를 낼 때는 일반적으로 평성 계열에서 냅니다. 평성 계열에 대해서 좀 더 살펴보자면, 평성은 크게 상평(上平)과 하평(下平)으로 나뉘고, 다시 각각 15개의 하위 계열이 아래와 같이 있습니다.

상평(上平)	동(東), 동(冬), 강(江), 지(支), 미(微), 어(魚), 우(虞), 제(齊), 가(佳), 회(灰), 진(眞), 문(文), 원(元), 한(寒), 산(刪)
하평(下平)	선(先), 소(蕭), 효(肴), 호(豪), 가(歌), 마(麻), 양(陽), 경(庚), 청(青), 증(蒸), 우(尤), 침(侵), 담(覃), 염(鹽), 함(咸)

이때, 상평의 동(東)을 대표로 하는 동(同)·동(銅)·동(桐) 등 수십 개 글자가 하나의 계열을 이루고, 동(冬)을 대표로 하는 농(農)·종(宗)·종(鍾) 등 수십 개 글자가 하나의 계열을 이룹니다.

나머지도 마찬가지입니다. 이러한 계열이 상평에 15개가 있고, 하평에도 15개가 있다는 뜻입니다. 운자를 평성 중에서 동(東)의 계열에서 낸다면, 그 시에 등장하는 모든 운자는 이 계열에서만 내는 것이 원칙입니다. 이상의 설명을 겸산 선생님의 〈초동서사 원운(草洞書舍原韻)〉이라는 시를 통해 살펴보겠습니다.

十年始構讀書堂 : 십 년 만에 비로소 독서당을 마련하고

自許平生伏此岡 : 평생 이 산자락에 은거하리라 다짐하네

佳木種成傳世蔭 : 예쁜 나무들은 세상에 전해줄 그늘을 이루고

名花徜續繼家香 : 이름난 꽃들은 집안에 물려줄 향기를 잇도다

風潮何處有乾淨 : 험난한 세상 어디라고 간정(乾淨)한 곳 있으리

行路如今盡瞿塘 : 가야 할 길이란 오늘날 모두 구당(瞿塘)인 것을

衰草殘癰餘古址 : 시든 풀과 무너진 담장만이 남은 옛 터에

我來粗點感懷長 : 내가 와서 손질하고 다듬으니 감회가 무량하다

이 시는 우선 한 줄당 글자 수가 일곱 글자이기 때문에 칠언 (七言)이고, 모두 여덟 줄로 이루어져 있으니 율시(律詩)입니다. 이런 시를 칠언율시(七言律詩)라고 합니다. 이 시의 운자는 1·2·4·6·8줄 마지막에 있는 당(堂)·강(岡)·향(香)·당(塘)·장(長)이며, 모두 하평의 양(陽) 자 계열에 속한 글자입니다. 보통 운자는 해당 시의 짝수 줄 마지막에 앉히게 되며, 예외적으로 첫 번

째 줄에는 운자를 앉히기도 하고 그렇지 않기도 합니다.

한시를 이야기할 때 반드시 한 가지 더 알아야 할 것이 있습니다. 바로 평측(平仄)입니다. 사성 가운데 평성에 해당하는 것을 '평'이라 하고 나머지 상성·거성·입성에 해당하는 것을 '측'이라고 합니다. 이때 평과 측은 각각 한자의 음가를 낮은음과 높은 음으로 구분한 것입니다. 그래서 서당에서는 평측을 고저(高低)라고도 부릅니다. 앞에서도 설명했듯이 시는 기본적으로 운율이 있는 노래입니다. 따라서 운자뿐만 아니라 시 전체가 운율을 고려해서 완성되어야 합니다. 즉, 높은 음이 앞에 있으면 낮은 음이 뒤를 받쳐야 하고, 낮은 음이 나왔으면 그 뒤는 다시 높은 음으로 이어져야 합니다. 예를 들면, 〈평평측측측평평, 측측평평측측평, …〉 하는 식입니다. 때문에 시어(詩語)를 찾아 시구(詩句)를 구성할 때 평측에 맞게 해야 합니다.

주어진 운자에 맞추어 시를 짓는 것도 어려운 일인데, 평측의 규칙까지 지키면서 짓는다는 것은 여간 어려운 일이 아닙니다. 실제로 한시를 짓다 보면, 기껏 시어를 찾고 시구를 구성해 놓았는데, 어떤 한 글자가 평측에 맞지 않아서 구상했던 시 전체를 버려야 하는 경우도 종종 있습니다. 이런 경우 정말 애가 탑니다. 실제로 조선 후기에 오면 이른바 실학자들을 중심으로 그림에서 진경산수화(眞景山水畵)가 대두한 것처럼 시에서도 조선시(朝鮮詩)를 짓는 움직임이 있었습니다. 우리가 그리는 산수화는 우리나라 강산의 풍경을 담아야 하듯이, 우리가 짓는 시도 우리의 삶과 생각과 애환이 담겨 있어야 한다는 것이었지요. 그런 움직임 속에는 한시의 형식과 규칙에 대한 반성도 없지 않았습니다. 즉, 평측과 같은 한시의 규칙이 애당초 중국인의 사성에 근거를 둔 것일 뿐인데 우리가 그것을 굳이 따르고 지켜야 하는가에 대한 반성이 있었던 것이지요.

물론 이런 반성적 의식과 주체적 실천은 매우 의미 있는 일이고 높이 평가되어야 한다고 생각합니다. 하지만 서당에서 한시를 지을 때 엄격한 한시 본래의 규칙을 지키도록 요구하는 것은 조선시 운동과는 조금 다른 차원에서 이해해야 한다고 봅니다. 왜냐하면 지금 이야기하고 있는 서당에서 한시 짓기는 공부 과정이고 훈련 방법이기 때문입니다. 즉, 자신의 생각과 느낌을 한시로 표현할 수 있는 기본기를 다지고 기초체력을 키우는 과정이라는 것입니다. 그렇기 때문에 '왜 우리의 소리와는 무관한 평측을 따르느라 그런 고생을 하느냐'라는 관점에서 볼 일이 아니라, 글자 한 자 때문에 시 전체를 재구성해보고 시의 형식에 맞는 글자를 찾고 앉히는 훈련을 함으로써 한시를 좀 더 자유롭게 구사할 수 있게 된다고 보아야 합니다.

서당에서 시를 짓는 것은 자신의 느낌이나 생각을 운율이 있는 시적 표현으로 담아내는 훈련 과정입니다. 따라서 시 짓기는 글공부라는 측면에서 매우 중요한 과정입니다. 하지만 그것이 다는 아닙니다. 자신이 알고 있는 사실을 시에 담으려면 그 특징이나 핵심을 꼬집어낼 수 있어야 하는데, 한시를 짓는 과정에서 자연스럽게 그런 공부도 되는 겁니다. 더구나 '즉사(即事)'라는 제목으로 지금 이 순간 내 앞에 펼쳐진 풍경이나 벌어지고 있는 일을 시에 담아내려면 역시 그 특징을 잘 포착하는 안목이 있어야 합니다. 한시를 짓는 것은 그런 안목을 기르는 데도 긍정적인 영향을 끼칩니다.

대부분의 글이 그렇듯 한시 역시 대개는 주제에 따른 제목이 있기 마련입니다. 한시 중에는 연회나 이별을 주제로 한 것도 있고, 어떤 일을 기념하기 위한 것도 있고, 혹은 어떤 순간에 떠오른 느낌을 서술한 것도 있습니다. 하지만 서당에서 매일매일 짓는 한시는 특별한 주제를 정해서 짓는 것이 아니므로 그냥 즉사(即事)라고 제목을 답니다. 즉사란 '지금 이 순간의 일'이란 뜻입니다. 시를 짓는 순간의 계절 상황이나 주변 풍경을 노래하기도 하고, 그즈음에 드는 자신의 감정이나 생각을 서술하기도 합니다. 때로는 세태를 풍자하거나 걱정하는 내용으로 꾸미기도 하고, 경전이 주는 지혜로운 가르침이나 옛사람들의 넉넉한 삶을 읊기도 합니다. 그러니 즉사란 어쩌면 자유 주제의 또 다른 표현이라 하겠습니다.

이제 막 한시에 첫걸음을 내딛는 어린 학동들은 '즉사'라는 제목을 달지 못하고 '자회(字會)'라고 합니다. '자회'란 말 그대로 '글자 모음'입니다. 그러니까 어린 학동이 지은 글은 지금 이 순간의 일을 자유 주제로 읊었다기보다는 그저 운자에 맞추어 글자를 모아놓은 것이라는 의미입니다. '자회'라는 이름으로 한동안 시를 짓다가, 어느 단계가 되면 '즉사'를 쓰게 됩니다. 그 단계가 언제쯤인지 정해져 있는 것은 아닙니다. 또 선생님을 비롯한 그 누구도 '자회'라고 하라거나 '즉사'라고 하라고 지시하지도 않습니다. 그래서 어떤 사람의 경우에는 제법 한시를 잘 짓는데도 계속해서 '자회'라고 쓰는 이도 있습니다. 다만 암묵적으로 동의하는 기준이 있다면 절구(絕句) 4줄을 하나의 주제로 일관된 스토리를 구성할 정도가 되면 '즉사'라고 써도 된다는 것입니다.

또 하나 말씀드리고 싶은 것이 오언(五言)과 칠언(七言)의 관계입니다. 처음 한시를 짓기 시작하는 사람들은 대개 '오언'으로 '자회'를 하게 됩니다. 처음에는 주어진 운자에 맞게 다섯 글자씩 넉 줄을 완성하는 것도 버겁기 때문입니다. 그래서 글자 수가 적은 오언으로 시작하는 것이 일반적입니다. 그러다가 글을 짓는 데 조금 익숙해지면 칠언으로 바꿉니다. 아무래도 오언으로 시 짓기를 시작한 사람의 입장에서는 칠언으로 시를 짓는 것이 한 단계 승격처럼 느껴지기 때문입니다. 하지만 오언과 칠언 자체가 곧 그 시의 격을 의미하는 것은 아닙니다. 어떤 경우에는 오언이 칠언보다 훨씬 함축적인 한시의 맛을 느끼게 해주기도 합니다. 이와 관련한 아주 재미있는 시가 있습니다. 이 시에 얽힌 이야기가 여럿 있습니다만, 여기에서는 서당에서 들은 바를 바탕으로 이야기하겠습니다. 먼저 칠언으로 된 시 한 수를 보겠습니다.

七年大旱逢甘雨: 칠 년간의 큰 가뭄 끝에 단비를 만났을 때
千里他鄉見故知: 천리타향에서 오랜 지기를 만났을 때
無月洞房華燭夜: 달빛조차 없이 골방에 화촉을 밝힌 첫날밤
少年金榜掛名時: 나이 어린 소년의 이름이 금빛 방에 걸린 순간

누군가 과거시험을 보러 갔는데, 시험 과제가 '이 세상에서 가장 기쁜 순간 네 가지'를 한시로 작성해서 제출하라는 것이었답니다. 이른바 '사희시(四喜詩)'입니다. 그때 누군가 이 시를 써서 제출했고, 이 시가 장원으로 뽑혔다고 합니다. 그런데 그 뒤 궁궐 안에서는 장원 시를 두고 시관(試官)들 사이에 갑론을박이 벌어지고 있었습니다. 장원 시와 비슷한 내용의 시 한 수가 재검토 대상으로 부상했기 때문입니다. 그 시는 이런 내용이었습니다.

大旱逢甘雨: 큰 가뭄 끝에 단비를 만났을 때

他鄕見故知: 타향에서 오랜 지기를 만났을 때

洞房華燭夜: 골방에 화촉을 밝힌 첫날밤

金榜掛名時: 이름이 금빛 방에 걸린 순간

장원 시와 이 시는 닮아도 너무 닮았습니다. 분명 두 수 중 하나는 표절을 한 것이 틀림없다고 시관들은 판단했습니다. 처음에 시관들이 답안 전체를 분담해서 채점을 할 때, 담당 시관은 장원 시보다 뒤에 제출된 이 시를 보고 장원 시로 뽑힌 시를 표절한 것으로 판단하고 낙제시켜 버렸습니다. 하지만 그 뒤 다른 시관이 이 시를 주목하고는, 어떤 시가 어떤 시를 표절한 것인지 알 수 없다는 반론을 제기하면서 재검토에 들어간 것입니다. 반론은 이랬습니다. 당초 시관의 판단처럼 이 시가 장원 시를 보고 위의 두 글자씩을 제거하는 방식으로 표절했을 수도 있지만, 반대로 장원 시가 이 시를 보고 위에 두 글자씩을 첨부해서 교묘하게 표절했을 수도 있다는 것입니다. 반론에는 일리가 있었습니다. 그렇지만 시만 가지고는 어떤 시가 어떤 시를 표절했는지는 알 수 없었습니다. 그래서 차선책으로 어떤 시가 더 나은 시인지를 평가하자는 데 의견이 모아졌습니다. 시관들은 한동안 갑론을박한 끝에 이 시가 장원 시보다 더 낫다는 결론을 냈습니다.

두 번째 시가 첫 번째 장원 시보다 더 낮다는 평가를 받게 된 이유는 무엇일까요? 첫 구절을 가지고 이야기하자면, 장원으로 뽑혔던 칠언시는 이 세상에서 가장 기쁜 순간의 첫 번째로 "칠 년간의 큰 가뭄 끝에 단비를 만났을 때(七年大旱逢甘雨)"를 들었습니다. 하지만 두 번째의 오언시는 "큰 가뭄 끝에 단비를 만났을 때(大旱逢甘雨)"라고 했습니다. 둘 중에 어떤 표현이 더 큰 기쁨을 이야기한 것일까요? 시관들은 오언으로 표현된 시가 더 낮다고 보았습니다. 그 이유는, 오언에서 말한 '큰 가뭄'은 칠언에서 말한 '칠 년간의 큰 가뭄'처럼 정해진 것이 아니라 '십 년간의 큰 가뭄'도 될 수 있고 그보다 더한 가뭄도 될 수 있다고 보았기 때문입니다. 언뜻 보면 '칠 년간'이라는 수식어가 있는 칠언시가 눈에 띄기는 하지만, 더 음미해보자면 그런 수식어를 생략한 오언시가 더 많은 의미를 함축한다는 점에서 높은 평가를 받은 것입니다. 나머지 구절도 마찬가지입니다.

　물론 이 이야기는 지어낸 이야기일 것이므로 곧이곧대로 믿을 필요는 없습니다. 특히 이 이야기에서처럼 칠언은 오언 위에 수식어 두 글자씩만 더한 것이라 이해하면 절대로 안 됩니다. 이 이야기를 통해 말씀드리고자 한 것은 오언시가 결코 칠언시보다 격이 낮지 않다는 점입니다. 어떤 경우에는 글자 수가 적은 오언시가 글자 수가 많은 칠언시보다 훨씬 풍부한 내용을 함축하곤 하니까요. 한시로 대표되는 옛사람들의 시는 '소리 있는 그림'이라는 말이 있는데, 이런 점에서 보면 탁견이 아닐 수 없습니다. 우리의 옛 그림이 여백의 미를 통해 훨씬 많은 이야기를 담아내듯이 우리의 옛 시는 매우 깔끔하고 함축미가 짙습니다. 칠언시도 물론 그렇지만, 특히 오언시가 시적 여백이 훨씬 더합니다.

글자 한 자의
무거움

한시에 대해 이야기를 하다 보니 한참 다른 길로 샜습니다. 다시 서당의 한시 공부로 돌아와 이야기를 계속하겠습니다. 해질 녘이 되면 선생님은 제자들이 시를 지을 운자를 불러줍니다. 평성(平聲)의 상평(上平) 15계열과 하평(下平) 15계열 순서에 따라 하루에 한 계열씩 30일을 주기로 돌아가면서 운자를 불러줍니다. 그러면 제자들은 그 운자에 맞추어 오언(五言)이나 칠언(七言)으로 자회(字會) 또는 즉사(卽事)라는 이름으로 한시를 짓습니다. 절구(絶句) 형식의 시를 지을 경우, 운자는 첫 번째와 두 번째 그리고 네 번째 줄 맨 아래 글자가 되는 세 글자입니다. 처음 운자 세 글자를 받아 들면, 이 글자들로 어떤 시를 어떻게 지을지 참으로 막막합니다. 하지만 또 한편으로는 매우 흥미롭고 설레는 시간이기도 합니다.

　시를 짓는 과정을 이야기하기 위해, 외람됩니다만 당시 제가 서당에서 지었던 시를 바탕으로 설명 드리도록 하겠습니다. 그때 지었던 시축(詩軸)을 들춰보니 어느 봄날이었나 봅니다. 그날 운자는 상평(上平)의 미(微) 자 계열 중에서 나왔습니다. '빛날 휘(輝)'와 '살찔 비(肥)' 그리고 '날 비(飛)' 이렇게 세 글자가 그날의 운자였습니다. 운자를 받았을 때의 그 막연한 느낌을 어떻게 표현할 수 있을까요? 다음과 같은 그림으로 표현하면 조금 공감하실 수 있을지 모르겠습니다.

　저렇게 세 글자만을 써놓고 쳐다보면서 머릿속으로 빈칸에 들어갈 말을 찾습니다. 저 글자들로 어떤 주제에 관한 이야기를 구성할 수 있을지 고민합니다. '빛나다'와 '살찌다' 그리고 '날다' 이 말이 어떤 주제 아래 연결될 수 있을까? 그러자면 이 글자 각각을 어떻게 표현해야 할까, 하는 데서부터 실타래를 풀어갑니다. 먼저 '빛나다'라는 말로 표현될 수 있는 것이 무엇일지 생각합니다. 햇빛, 달빛, 별빛부터 시작해서, 어떤 명성이나 공덕에 이르기까지 '빛나다'와 관계될 수 있는 것을 연상합니다. 그다음은 '살찌다'입니다. 사람이나 동물이 살찌는 것은 물론 곡식이나 과일이 실해져가는 모습 또는 신록이 우거져가면서 앙상했던 산이 풍성해지는 것까지, '살찌다'로 표현될 수 있는 것은 모조리 생각해봅니다. '날다' 역시 마찬가지입니다. 우선은 새나 나비 등 나는 동물을 생각하겠지요. 하지만 그것은 누구라도 생각할 수 있으니까, 봄이라면 꽃잎이 날리고 가을이라면 낙엽이 날리는 것처럼 좀 더 특별한 표현을 찾으려 애를 씁니다.

하지만 자신이 생각해낼 수 있는 데는 한계가 있기 때문에 다른 방법을 강구하기도 합니다. 해당 글자가 들어가는 단어들을 사전에서 찾아보면서 아이디어를 얻기도 하고, 유명한 시인들의 작품 속에서 같은 글자를 어떻게 처리했는지를 찾아보면서 모방을 시도하기도 합니다. 이렇게 글자 한 자 한 자에 대해서 고민하는 것은 물론이고, 그것들이 어떻게 말로 엮어질 수 있을지, 더 나아가 그 말들이 어떻게 하나의 주제를 담아낸 이야기가 될 수 있을지 고민하는 과정 자체가 매우 큰 공부입니다. 더구나 이런 과정에서 '평측'이라는 규칙까지 고려해야 합니다. 정말 어렵게 어렵게 시어들을 찾고 시구를 만들었는데, 그만 어떤 글자 하나가 평측에 어긋날 때는 참 난감합니다. 대체할 글자를 이리저리 찾아보지만 그마저도 잘 안 돼서 결국 구상했던 시를 포기해야 할 때면 정말 갑갑하지요.

이런 과정을 겪으면서 모두 시 한 수씩을 지어 선생님께 바칩니다. 그러면 선생님은 제자들의 시를 꼼꼼히 살펴보고 평가를 해주십니다. 선생님의 평가에는 몇 가지 등급이 있습니다. 보통 잘 지은 시구에는 옆에 점(點)을 찍어줍니다. 그것을 비점(批點)이라고 합니다. 칠언으로 지은 시라 할 때, 일곱 글자 곁에 두 개나 세 개 또는 네 개의 점이 찍힐 수도 있습니다. 어떤 일의 결과를 수치화한 것을 점수(點數)라고 합니다. 자세히 조사해본 것은 아니지만, 어쩌면 이런 전통에서 비롯된 것이 아닌가 합니다. 점수란 말 그대로 점의 숫자니까요. 아무튼 점의 숫자가 많을수록 잘 지어졌다는 뜻입니다. 아주 잘 지어진 시구에는 관주(貫珠)가 주어지기도 합니다. 관주는 점을 찍은 다음 그 점에 동그라미를 쳐주는 것입니다. 그 모양이 마치 구슬을 꿰놓은 것 같다 하여 관주라고 합니다. 반대로 시상이 원만하지 못하거나 표현에 문제가 있거나 하면 선생님은 작은 글씨로 교정을 해주십니다.

'빛날 휘(輝)'와 '살찔 비(肥)' 그리고 '날 비(飛)'를 운자로 받은 날, 제가 지은 시는 이랬습니다.

夭夭花色不陽輝: 어여쁘고 어여쁜 꽃의 빛깔은 햇볕 없이도 빛
　나고
綠綠草身逐日肥: 파릇파릇한 풀의 몸은 날마다 살쪄가네
前後景光疑是畵: 앞뒤로 펼쳐진 경광 그림인가 의심했더니
知非片片蝶來飛: 조각조각 나비들이 날아오니 아닌 줄 알겠네

　이 시의 첫 번째 구와 두 번째 구는 나름 대구를 맞추어 시어
를 앉혔습니다. 대구를 맞출 때 지켜야 할 원칙이 있습니다. 우
선 염두에 두어야 할 것은 두 구의 상대되는 자리에 오는 품사
가 같아야 합니다. 예컨대, 앞 구에 형용사가 왔다면, 상대되는
뒤 구에도 형용사가 와야 합니다. 명사나 동사가 왔으면 명사나
동사로 받아야 하고, 조사가 왔으면 역시 조사로 받아야 합니
다. 뿐만 아니라 앞에 숫자가 왔으면 뒤에 숫자가 와야 합니다.
다음으로 유념해야 하는 것은, 첫 번째 원칙을 지키면서도 그
안에 맛을 살리기 위해 비슷한 성질 또는 대립되는 표현을 찾아
야 한다는 것입니다. 예컨대 비슷한 성질의 표현이란, 앞 구에
명사 '봄'이 왔다면, 뒤 구에는 명사 '여름'이나 '가을'이 와야
지, 생뚱맞게 '닭'이나 '사과'가 오면 곤란하다는 뜻입니다. 또
대립되는 성질이란, 앞 구에 '크다'라는 형용사가 왔다면 뒤 구
에는 '높다'라는 비슷한 성질의 형용사가 올 수도 있지만 '작
다'라는 대립되는 성질의 형용사가 올 수 있다는 겁니다. 이런

장치를 통해 시는 그 자체로 정연한 질서를 갖게 될 뿐만 아니라, 훨씬 풍성한 호흡도 갖게 된다는 점에서 대구를 잘 다루는 것은 매우 중요합니다.

저 역시 위의 시에서 첫 번째와 두 번째 구를 대구 형식으로 처리하려고 했습니다. 첫 번째 구의 "어여쁘고 어여쁜(夭夭)"이라는 형용사는 두 번째 구의 "푸릇푸릇한(綠綠)"이라는 형용사로 받았고, "꽃의 빛깔(花色)"은 "풀의 몸(草身)"으로 받았습니다. 또 "햇볕 없이도(不陽)"라는 조건부사에 대해서는 역시 "날마다(逐日)"로 받음으로써 "빛나다(輝)"와 "살찌다(肥)"라는 운자를 포함한 두 구가 전체적으로 대구가 되도록 구성했습니다. 햇볕 없이도 빛나는 꽃과 날마다 살쪄가는 풀로 봄날의 찬란한 풍광을 묘사한 다음, 세 번째 구에서는 앞뒤로 펼쳐진 이런 풍경이 한 폭의 그림인가 의심했다는 과장된 표현을 사용해서 시인의 정감을 나타냈습니다. 마지막 구에서는 노란 조각, 하얀 조각의 모습으로 사뿐사뿐 날아드는 나비의 움직임으로 인해 그것이 그림이 아니라는 것을 지각하게 된다는 내용으로 마무리를 했습니다.

선생님은 이 시에 대해 몇 글자를 수정해주셨습니다. 두 번째 구의 "파릇파릇 풀의 몸은(綠綠草身)"이라는 표현에서 '몸 신(身)'자를 '싹 아(芽)' 자로 고쳐주셨습니다. 저는 아마도 '살찌다'라는 표현과의 관계를 생각해서 '몸'이라는 표현을 썼을 겁니다. 그런 의도는 이해하지만, '풀의 몸'이라는 표현은 아무래도 자연스럽지 못하다고 보셨나 봅니다. 대신 골라주신 표현이 '싹'이었습니다. 언뜻 보면 '몸'과 '살찌다'는 즉각 연상이 되기는 하지만, 이 표현에서 봄날의 생동하는 맛을 느끼기에는 부족합니다. 하지만 '싹'이라는 표현에는 살쪄가는 풀의 생동감이 담겨 있어 좋습니다. 더구나 대구를 이루고 있는 앞 구의 '꽃의 빛깔'에 대응하는 표현으로도 역시 '풀의 몸'보다는 '풀의 싹'이 훨씬 좋아 보입니다.

　선생님은 한 군데를 더 바로잡아 주셨는데요. 마지막 구의 "아닌 줄 알겠네"로 해석되는 '지비(知非)'를 '탐향(探香)'으로 바꾸는 게 낫겠다고 하셨습니다. 즉, "知非片片蝶來飛"를 "探香片片蝶來飛"로 고쳐주신 겁니다. 고쳐주신 바에 따르면, "향기 찾아 조각조각 나비들 날아드네"가 됩니다. 본래 제 의도는 세 번째 구에 "그림인가 의심했더니"라는 표현이 있어서 네 번째 구에서 "아닌 줄 알겠네"로 받았던 겁니다. 즉, 앞에서 의심했다가 뒤에서 아니라는 사실을 알게 된 과정을 논리적으로 설명하고자 했던 것이지요. 하지만 선생님은 '시란 그렇게 세세한 부분까지 다 설명해주지 않아도 된다'라는 여백미 내지는 함축미를 일깨워주려고 하신 것 같습니다. 대신 선생님은 '탐향(探香)'이라는 표현을 넣어 이 시를 생동감 있게 마무리할 것을 제안하셨습니다. 나비가 날아들었다는 사실을 밝혀서 이 풍경이 그림이 아니라는 것을 일부러 알려주려는 조급함을 버리고, 대신 봄날의 향기로움을 찾아 날아든 나비의 정감을 짚어줌으로써 시에 생동감을 불어넣으라는 것입니다. 그러면 향기를 찾아 날아드는 나비의 생동감으로 인해 그 풍경이 정지된 그림이 아니라는 것이 저절로 드러날 것이며, 아울러 나비의 생동감은 다시 앞 구에서 그림인가 의심케 만들었던 꽃과 풀의 아름다움과 호응함으로써 시는 훨씬 생명력을 갖는다는 점을 가르쳐주신 것입니다.

선생님께서 고쳐주신 세 글자로 인해 제 시는 훨씬 세련되고 풍요로워졌습니다. 이렇게 말입니다.

夭夭花色不陽輝: 어여쁘고 어여쁜 꽃의 빛깔은 햇볕 없이도 빛나고

綠綠草芽逐日肥: 파릇파릇한 풀의 싹은 날마다 살쪄가네

前後景光疑是畵: 앞뒤로 펼쳐진 경광 그림인가 의심했더니

探香片片蝶來飛: 향기 찾아 조각조각 나비들 날아드네

시는
억지스러워서는 안 된다

시를 짓다 보면 시구를 완성하기 정말 까다로운 운자가 있습
니다. 제가 경험한 바에 따르면 그런 운자 중 하나가 '삽살개
방(狵)'이었습니다. 예컨대, '붉을 홍(紅)'이나 '가운데 중(中)'
혹은 '메 산(山)'과 같은 글자가 운자로 나오면 다양한 표현을
만들어낼 수 있지만, '삽살개'를 뜻하는 이 글자는 시를 짓는
데 확보할 수 있는 운신의 폭이 매우 제한적입니다. 아무리 넓
게 잡는다 해도 삽살개라는 고유명사에서 일반명사인 개로 넓
히는 정도입니다. 이렇게 의미가 제한적인 특정성을 갖는 운
자가 나오면, 그날 서당에서 지어지는 시가 모두 거기서 거기
가 되기 십상입니다.

어느 날인가 방(猿) 자가 운자로 나왔을 때였습니다. 저는 평소 외워두었던 시를 모방해서 이 까다로운 운자를 제법 그럴싸하게 시어로 만든 적이 있습니다. 제가 외워두었던 시는 조선시대 여류 시인 이옥봉(李玉峰)의 〈몽혼(夢魂)〉이라는 칠언절구로 된 시였습니다. 그 시의 마지막이 이렇습니다. "만일 꿈속의 넋이 가는 길에도 자취가 남는다면(若使夢魂行有跡), 당신의 대문 앞 돌길은 반쯤 모래가 되었으리(門前石路半成沙)." 시인은 누군가를 매우 그리워합니다. 하지만 그 님을 만날 수 없어 그리워만 합니다. 시인은 님에 대한 그리움이 얼마나 사무치는지를 이렇게 표현한 겁니다. 매일 밤 꿈결에서조차 자신의 넋이 님을 찾아가 대문 앞에서 서성였노라고. 만일 그렇게 찾아가 서성이던 자신의 넋이 자취를 남겼다면, 님의 대문 앞 돌길은 절반쯤 모래가 되었을 것이라고 말입니다.

평소 이 시를 보면서 시인의 애틋하면서도 절묘한 묘사에 감탄했던 저는 이날 '삽살개 방(猿)'이라는 까다로운 운자에 이 시의 구도를 응용해 다음과 같은 시어를 만들었습니다. "만일 나그네 넋이 가는 길에도 자취가 남는다면(若使旅魂行有跡), 우리 집 삽살개는 짖기를 그칠 때가 없으리(無時休吠我家猿)". 앞의 시가 님을 그리는 여인의 한을 묘사했다면, 저는 집을 떠나 공부하는 자식의 향수를 노래했습니다. 그래서 '꿈속의 넋'을 '나그네 넋'으로 바꾸었습니다. 그리고 앞의 시가 돌길이 모래가 되었으리라는 표현으로 그리운 님을 밤마다 찾아가서는 대문 앞에서 서성이는 정인의 안타까움을 노래했다면, 저는 시도 때도 없이 반갑다고 짖어댔을 우리 집 삽살개를 통해 집 떠난 자식의 집에 대한 애틋함이 얼마나 간절한지를 묘사하고자 했습니다.

선생님은 제 시에서 "짖기를 그칠 때가 없으리(無時休吠)"라는 표현을 "짖지 않을 때가 없으리(無時不吠)"로 고쳐주셨습니다. 역시 그렇게 고쳐놓고 보니 묘사된 상황과 시의 의도가 훨씬 간명해졌습니다. 한 글자를 고쳐주셨지만, 표현이 재미있다고 생각하셨는지 점수는 잘 나왔습니다. 앞 구는 석 점이 나왔고, 뒤구는 넉 점이 나왔으니까요. 서당에 있는 동안 거의 매일 시를 지었고, 그렇게 시를 써두었던 시축(詩軸)이 여러 권 됩니다. 기억에 남는 시가 여러 수 있는데, 그중에서 이 시는 짓는 과정이 특별해서였는지 지금까지 각별한 기억으로 남아 있습니다.

각자 시를 한 수씩 지어서 선생님께 제출하면, 선생님은 한 수 한 수 꼼꼼히 검토하십니다. 오후 대여섯 시 사이에 운자가 나오면 보통 저녁 7~8시 사이에 선생님께 시를 제출합니다. 선생님은 보통 2시간 정도 검토와 수정을 하십니다. 잘 지어진 시에는 꾹꾹 점을 찍어주시고, 수정이 필요한 시는 한참 동안 고민을 해서 수정을 해주십니다. 수정에는 반드시 원칙이 있습니다. 시 속에 표현하고자 했던 제자의 시상을 먼저 이해하고, 그런 이야기를 어떤 방식으로 표현해야 좋은지에 대한 일종의 모범답안과 같은 것이어야 합니다. 그렇다 보니 선생님이 직접 새로 시 한 수를 짓는 게 더 빠르겠다 싶은 경우도 있습니다. 보통 9시 정도에 선생님은 시 평가를 모두 마치고 되돌려주시는데, 어떤 날은 주무시기 직전까지 고민하시기도 하고 더러는 다음 날까지 넘기는 경우도 있습니다.

어느 날인가 겸산 선생님은 저를 불러 시축을 가지고 들어오라 하셨습니다. 시축을 들고 선생님 방으로 들어갔더니 요즘 지은 시들을 펼쳐보라 하셨습니다. 그 무렵 며칠 동안 지은 저의 시에는 '작대기'가 죽죽 그어졌습니다. 선생님께서 제자가 지어 바친 시구 전체를 수정하시게 되면, 원래의 글귀는 먹물 묻힌 붓으로 굵게 그어 지우게 됩니다. '작대기'란 그렇게 그어진 선이 작대기처럼 생겼다 하여 빗대어 부르던 말입니다. 그러니까 그 며칠 동안 제 시는 계속 수정을 받은 것이지요. 하루 이틀은 그럴 수 있다 해도 며칠 동안 계속해서 그런 시를 지어 바쳤기 때문에 선생님은 시축을 들고 들어오라고 하신 겁니다.

시축을 펼쳐놓고 제 시의 어떤 표현이 어떻게 잘못되었는지를 설명해 주시면서 선생님은 이렇게 말씀하셨습니다. "시란 것이 한사코 기기묘묘하게 지으려 해서는 안 되고, 안 되는 말을 억지로 만들려 해서도 안 된다. 시란 평이해야 하고 자연스러워야 한다." 그러면서 당시 저도 외우고 있었던 시 한 수를 예를 들어 설명해주셨습니다.

渭城朝雨浥輕塵 : 위성(渭城)의 아침 비가 가벼운 먼지를 적시는데

客舍靑靑柳色新 : 객사엔 푸릇푸릇 버들 빛 새로워라

勸君更進一杯酒 : 그대에게 권하노니 술 한잔 더 하시게

西出陽關無故人 : 서쪽 양관(陽關)을 나서면 친구 하나 없으리니

이 시는 중국 당나라의 대문호인 왕유(王維:699~759)의 작품으로 〈안서로 사신을 떠나는 원이를 보내며(送元二使安西)〉라는 시입니다. 두 사람은 위성의 객사에 묵었습니다. 이별을 해야 하는 아침에 비가 내립니다. 비는 소란스럽게 퍼붓지 않습니다. 그저 가벼운 먼지를 적실 만큼 조용히 내립니다. 마치 이별을 앞둔 두 사람의 차분한 분위기와도 같습니다. 자칫 무겁게 짓눌릴 수도 있는 분위기는 푸릇푸릇한 버들 빛으로 일순간 싱그러워집니다. 사람들도 무거운 분위기에 짓눌려 울적하게만 있지 않습니다. 이별주 한잔으로 분위기를 바꿔봅니다. 보내는 사람은 떠나는 사람에게 술 한잔 더하기를 권합니다. 양관이라는 관문을 지나 머나먼 서쪽 지역에는 이렇게 술 한잔 함께할 친구도 없을 테니 말입니다. 선생님은 말씀하셨습니다. "가만히 이 시를 봐라. 내용도 얼마나 평이하고, 표현 또한 얼마나 자연스러우냐. 어디 한 곳 기묘하거나 난삽한 곳이 없지 않느냐. 시는 이렇게 지어야 한다."

한밤중 학동들만의
은밀한 시간

선생님께서 시를 보시는 동안 제자들은 밤 공부에 들어갑니다. 우선은 내일 새벽에 배울 글을 예습합니다. 먼저 내일 얼마만큼 배울지를 정하고, 잘 모르거나 생소한 글자를 찾아 익힙니다. 모르는 글자를 시간 날 때마다 보면서 익히기 위해 난자집(難字集)이라는 별도의 책자에 적어서 정리합니다. 개인용 '단어장'을 만드는 셈입니다. 그런 다음 배울 글의 토를 뗍니다. 형들은 형들대로 높은 과정의 글을 붙들고 고민하고, 아우들은 아우들대로 끙끙댑니다. 아우들은 형들에게 물어볼 수도 있지만 그렇게 하지 않습니다. 배웠는데도 모르는 글에 대해서는 형들이 기꺼이 설명을 해주지만, 예습하는 글은 웬만해서는 형들의 도움을 기대하기 어렵습니다.

예습이 먼저 끝난 사람은 다시 글을 읽기 시작합니다. 밤에 읽는 글은 밑글입니다. 오늘 하루 동안 백독을 하면서 외웠던 글도 다시 한번 외워보고, 며칠 전에 배웠던 밑글을 차례차례 외워봅니다. 최근에 배웠던 글은 더 많이 읽어야 합니다. 훨씬 전에 배웠던 글은 그동안 날마다 읽어서 익숙해져 있지만, 최근에 배운 글은 그렇지 못하기 때문입니다. 또 글을 읽다 보면 특별히 잘 외워지지 않는 글이 있고, 외웠더라도 오래가지 못하고 까먹는 글도 있습니다. 어떤 글을 더 읽어야 하고 어떤 글을 덜 읽어도 되는지는 철저하게 자신이 알아서 할 일입니다. 아무튼 내일 새벽 이부자리에서 막힘없이 외워서 "아무개 글 외우는 소리는 왜 들리지 않느냐?"라는 꾸중을 듣지 않으려면 지금 부지런히 외워두어야 합니다.

방 안은 글 읽는 소리로 가득하지만, 밖으로 나오면 처량하게 우는 밤새 소리와 바람에 대나무 잎사귀가 스치는 소리뿐입니다. 산 아래 자리 잡은 서당의 밤은 온통 칠흑이고 정적입니다. 달이라도 있는 밤이면 뜰에는 어떤 시인의 표현대로 서리가 내린 듯 희뿌연 달빛만이 가득합니다. 그렇게 서당의 하루 일과가 끝나갑니다.

선생님께서 잠자리에 드시면, 제자들도 글 읽기를 멈추고 잠자리를 준비합니다. 우선 각자의 책상을 밖으로 내다 놓습니다. 책상은 그리 크지 않습니다. 아니 클 수가 없습니다. 방은 한쪽 면에 네 사람씩 앉으면 서로의 무릎이 닿을 정도로 작습니다. 그러니 책상 또한 작을 수밖에 없습니다. 가로는 45센티 내외이고 세로는 25센티 내외입니다. 이 작은 책상에서 글도 읽고 글씨도 쓰고 다 합니다. 책상을 내다 놓으면 누군가가 방을 씁니다. 누군가는 시렁 위에 얹어두었던 이불을 내려 깝니다. 각자 서당에 들어오면서 이불을 가지고 오지만, 이불이 너무 많아도 곤란합니다. 보관할 곳도 넉넉지 않고, 좁은 방에서 많은 이불이 필요하지도 않습니다. 잠자리가 준비되면 피곤한 몸으로 잠자리에 듭니다. 잠자리 역시 넉넉할 리 없습니다. 반듯하게 누워 자지 못하고 옆으로 누워 칼잠을 잡니다. 절반은 이쪽으로 머리를 두고 나머지 절반은 반대쪽으로 머리를 두고 눕습니다. 이렇게 불편한 잠자리지만, 하루를 열심히 공부하면서 보낸 우리에게 이 시간만큼은 꿀맛 같은 시간이었습니다.

그러나 어디든 여백은 있고 반전은 있습니다. 성현의 글을 공부하고 한시의 세계에 유영하는 서당에도 일탈은 있습니다. 10대 후반에서 20대 초·중반까지 한창 피 끓는 청년들이 모여서 생활하는데 어찌 매일 밤이 이렇게 반듯하게만 마무리되었겠습니까? 그렇다고 그 일탈이라는 것이 생활의 리듬과 기조를 깨지 않는 작은 것이어야 한다는 사실을 모르는 사람은 없습니다. 작은 일탈이란 잠자리에 들기 전에 소박한 군것질을 하는 것입니다.

모두가 잠자리를 준비하는 시간, 두어 사람은 '특명'을 띠고 마을로 내려갑니다. 마을에는 작은 구판장이 매점 구실을 했습니다. 마을 어른들은 그곳에서 간단하게 술 한잔을 하셨고, 아주머니들은 급하게 필요한 생필품을 구매하셨죠. 서당 사람들에게는 작은 일탈을 가능하게 하는 곳이었습니다. 서당 사람들은 구판장에서 과자 몇 봉지와 음료수를 사서 돌아옵니다. 간혹 막걸리 한두 병이 곁들여지기도 합니다.

방에는 이불을 깔아두고, 사람들은 방 옆 소오헌 마루에 둘러앉습니다. 가운데 종이를 깔고 사 온 군것질거리를 한데 쏟아부어 놓고 함께 먹습니다. 가능한 소리를 죽여야 합니다. 과자봉지의 부스럭거리는 소리도, 서로 이야기하는 소리도, 특히 이 상황이 재미있어서 나오는 웃음소리도 최대한 줄여야 합니다. 왜냐하면 선생님께서 지척에서 주무시고 계시기 때문입니다. 소리를 죽여야 하는 상황이기에 소리는 더 크게 들리고, 웃으면 안 되는 상황이라서 웃음은 더 나옵니다. 그 보잘것없는 것이 그때는 얼마나 맛있었는지 모릅니다. 가끔 먹는 군것질거리여서 맛있기도 했겠지만, 소박한 일탈이 주는 작은 즐거움으로 더 맛있게 느껴졌는지 모르겠습니다.

군것질거리는 누가 사는 것일까요? 물론 갹출해서 사 오는 경우도 있습니다. 대개는 누군가가 내는 것입니다. 서당에서 한턱을 내는 경우는 몇 가지가 있습니다. 우선은 배우던 책을 떼서 책거리 명목으로 한턱을 내는 경우가 있습니다. 물론 책거리는 명분이 있으니까 공개적으로 떡을 한다거나 과일을 준비하는 형식으로 하게 됩니다. 하지만 그것을 강요할 수는 없습니다. 책을 뗀 사람의 형편이 그조차 쉽지 않을 수도 있기 때문입니다. 그러면 이렇게 밤에 소박하게 하기도 합니다. 한밤중 서당에 작은 일탈을 제공하는 가장 일반적인 경우는 누군가 지은 시의 성적이 좋았을 때입니다.

시에서 좋은 성적의 조건은, 절구로 지은 시의 모든 구가 고르게 석 점을 받았거나, 어떤 한 구가 넉 점 혹은 관주를 받았을 때입니다. 한 구에 점 세 개가 찍힌 것은 잘 지은 것이기는 하지만 아주 잘 지었다고 하기에는 조금 약합니다. 하지만 그날 지은 시의 모든 구가 골고루 석 점을 받았다면, 이 시는 전체적으로 균형감 있게 잘 지어진 것이라고 볼 수 있습니다. 한편, 넉 점이나 관주를 받은 경우는 나머지 구가 어떠냐에 상관없이 해당 구가 매우 좋다는 뜻입니다. 예를 들면, 앞에서 소개했던 "우리 집 삽살개는 짖지 않을 때가 없으리(無時休[不]吠我家狵)"라는 구가 넉 점을 받았습니다. 관주를 받게 된다면 더 말할 필요가 없겠지요.

저도 관주는 딱 한 번밖에 받아보지 못했습니다. 관주를 받은 구의 운자는 '박 포(匏)'였습니다. 초가지붕 위에 주렁주렁 열리는 박을 뜻하는 이 운자 역시 '삽살개 방'만큼이나 시로 표현할 수 있는 운신의 폭이 매우 제한적입니다. 게다가 그날 은 특별히 '좋은 산수를 찾아 놀러감'이라는 주제가 주어졌습 니다. 저는 이 운자가 들어가는 구를 이렇게 만들었습니다. "노래하고 춤추는데 현(弦)과 포(匏)를 연주함이 없을쏘냐(可無 歌舞奏弦匏)." 산수 좋은 곳을 찾아가 회포를 푸노라면 노래와 춤이 없을 수 없고, 노래 부르고 춤을 추자면 어찌 음악이 없 을 수 있겠느냐는 내용입니다.

선생님은 이 시구에 관주를 두 개나 주셨습니다. 주제의 전 개상 이 구절의 내용이 시흥을 제대로 돋우었다고 보신 것 같 습니다. 무엇보다 '박'을 악기로 표현한 발상에 가산점을 주 신 것이 아닐까 싶습니다. 동양의 음악 전통에서는 금(金)·석 (石)·사(絲)·죽(竹)·포(匏)·토(土)·혁(革)·목(木)이라는 여덟 가지 재료로 악기를 만들어 음악을 연주했고, 이를 팔음(八音)이라 고 일컬었습니다. 제 시에서 현(弦)은 팔음 중 사(絲)로 만든 현 악기에 해당하고, 포(匏)는 팔음 중에 있는 것으로 박을 재료로 해서 만든 악기입니다. 이 시구가 관주를 두 개나 받게 된 이 유 중에는 이 구를 읊었을 때 "가무가무주현포(可無歌舞奏弦匏)" 라는 음의 리듬이 좋다는 점도 작용했으리라 짐작합니다. 시 를 짓다 보면 좋은 성적을 받으리라 예상한 것은 '작대기'를 받고, 전혀 예상하지 못했던 것이 좋은 성적을 받기도 합니다. 사실 이 구가 제게는 후장에 해당하는 것이었습니다. 아무튼 저도 이때 한턱 제대로 냈던 기억이 납니다.

3장

서당이라는
공간의 특성

어느 날 갑자기
대학입시 수험생이 되어 보니

언제나 그랬듯이 저는 서당에서 함께 공부하던 동생과 설을 쇠기 위해 부모님이 계시는 서울 본가로 올라왔습니다. 서당에서는 특별히 방학이라고 정해진 기간이 없었는데, 보통 새해가 되는 설을 전후해서 약 보름에서 한 달 동안 각자 집에서 지내다가 다시 서당에 들어와 공부를 합니다. 그 무렵 서울로 올라온 저 역시 그럴 예정이었고, 다시 내려가면 어떤 공부를 해야겠다는 계획도 있었습니다. 그러나 저는 다시 서당에 들어가서 공부할 수 없었습니다. 왜냐하면 그 이후로 저는 지금까지와는 전혀 다른 새로운 공부의 길로 들어서야 했기 때문입니다.

설을 쇤 지 며칠 뒤, 아버지는 우리 삼 형제와 고등학교 교사로 재직 중이던 자형을 불러 이렇게 말씀하셨습니다. "나는 너희 삼 형제를 학교에 보내지 않고 서당에 보내서 공부하게 했다. 너희들이 서당에서 배운 공부가 참 공부이기 때문이다. 이제 너희들도 웬만큼 한학을 했으니, 너희 중 한 사람 정도는 대학에 가서 현대 학문을 겸해보는 것도 좋지 않을까 싶다. 누가 새로운 공부를 할지는 너희들이 정하거라. 너희들을 모두 학교에 보내지 않은 내가 누구 한 사람을 지목해서 대학엘 가라고 하는 것은 옳지 않기 때문이다. 너희들이 누가 적합한지를 잘 상의해서 알려주면, 내가 뒷바라지를 해주마." 이렇게 말씀하시고 아버지는 밖으로 나가셨습니다. 아버지의 말씀은 정말 뜻밖이었고, 저희는 모두 놀라워했습니다. 모두가 학교를 다니는 시대에 아들 셋 모두를 서당에 보내신 아버지가 이런 제안을 하시리라고는 꿈에도 생각지 못했기 때문입니다.

아버지는 매우 엄하셨습니다. 그러면서도 모든 일에 사리가 분명하셨지요. 아버지는 언제나 무서웠지만, 아버지의 판단과 말씀은 옳다는 믿음이 저희에게는 있었습니다. 또래 친구들이 학교에서 '신식' 공부를 하는데 우리는 왜 서당에서 '구식' 공부를 하고 있어야 하나라는 생각이 한 번도 들지 않았다면 거짓일 것입니다. 당시 서당에서 공부했던 사람들 모두에게 그런 고민은 있었습니다. 하지만 그런 고민을 하면서도 서당 공부가 잘못된 공부라거나 해서는 안 되는 공부라는 생각을 하지는 않았습니다. 서당에서 공부했던 사람들 모두가 그랬는지는 장담할 수 없지만, 적어도 저희 삼 형제는 그랬습니다. 그것은 아버지에 대한 믿음 때문이었으리라 생각합니다.

언젠가 대안학교 학부모들을 대상으로 강의를 한 적이 있습니다. 제가 서당에서 공부한 것도 어떤 측면에서 보면 대안교육을 받은 셈이기 때문에 저는 서당에서 공부했던 제 경험을 말씀드렸습니다. 강의가 끝나고 한 학부모께서 "또래 아이들과 다른 길을 걷고, 다른 삶을 살고, 다른 공부를 했는데, 그 과정에서 동요나 방황 같은 것이 없었는지, 있었다면 그것을 어떻게 극복했는지" 질문을 하셨습니다. 그 질문에는 저의 이색적인 경험에 대한 궁금증과 함께 대안학교에 보낸 당신의 자녀가 겪게 될 상황에 대한 우려도 묻어 있었을 겁니다. 저는 그때 이렇게 말씀드렸습니다. "아이를 대안학교에 보내놓고 이게 과연 잘한 일일까 걱정이 많으실 겁니다. 하지만 제 경험에 비추어보면, 걱정은 아이를 대안학교에 보내기 전에 충분히 하셨어야 하고, 이미 보내셨다면 그 결정이 잘한 것인지에 대해서는 걱정하지 말아야 한다는 것입니다. 아이는 이곳에 뿌리를 내리고 꽃을 피워야 하는데, 정작 부모님이 걱정하고 흔들리면 아이는 뿌리를 내리지 못할 겁니다." 제가 이렇게 말씀드릴 수 있었던 것은, 평소 신뢰할 수 있는 분명함과 단호함을 보여주신 아버지로 인해 학교가 아닌 서당에서 공부했던 저희가 흔들리지 않을 수 있었던 경험 때문이었습니다.

학교에 다니는 또래 친구들과 서당에서 공부하는 나는 분명 달랐습니다. 특히 사춘기를 겪는 과정에서 이 '다름'은 고민스러웠습니다. 하지만 서당에서 공부하는 것이 잘못된 것이라고는 생각하지 않았습니다. 그런 저희에게 한 가지 분명한 사실로 새겨진 것이 있었습니다. '학교는 내가 갈 곳이 아니다'라는 것이었습니다. 이런 측면에서 저희는 서당을 우리에게 주어진 '운명'으로 받아들이고 있었는지 모릅니다. 만일 서당 공부가 잘못된 것이라고 느꼈더라면 다른 길을 모색하느라 방황했을 겁니다. 하지만 그렇게 생각하지 않았기 때문에, 저희에게 고민은 있었어도 방황은 없었습니다. 오히려 서당 공부를 운명으로 받아들임으로써 서당에서 완숙해지기 위해 더 열중했는지도 모릅니다.

그런 길을 가도록 이끄셨던 분이 아버지였습니다. 그런데 그런 아버지께서 지금 '대학에 가서 현대 학문을 해보라'고 제안하셨으니 놀라지 않을 수 없었습니다. 아버지 입장에서는 세 아들 중 누구를 지목할 수 없으셨을 겁니다. 하지만 당시 여러 정황상 그 길은 제가 갈 수밖에 없었습니다. 형님은 그 당시 이미 결혼을 해서 가정을 꾸리셨기 때문에 새로운 공부를 시작하기 어려웠고, 제 동생 또한 10년 넘게 서당 공부를 했지만 아직 칠서(七書)를 마치기 전이라 한학 공부를 좀 더 해야 했습니다. 상의 끝에 제가 전혀 다른 공부의 길을 가보기로 결정되었습니다. 이렇게 해서 저는 일곱 살부터 시작했던 15년간의 서당 공부를 일단락 짓고 이른바 '현대 학문'의 세계로 들어서게 되었습니다.

대학에 들어가기 위해서는 우선 검정고시를 통해 초·중·고 과정을 마쳐야 했고, 그런 다음에는 여느 수험생들처럼 대학입학수학능력시험을 치러야만 했습니다. 서당 공부를 마무리하고 대학에 입학하기까지 만 5년이 걸렸습니다. 초·중·고 과정을 검정고시로 끝내는 데는 2년 2개월 정도면 충분했지만, 대학교에 들어가기 위한 대학입시 준비기간은 3년 가까운 시간이 걸렸습니다. 저는 수능시험을 모두 세 번 치렀습니다. 첫 번째 시험은 경험 삼아 치렀고, 두 번째는 나름 열심히 한다고 했지만 몸이 아파서 좋은 성적을 거두지 못했고, 세 번째 만에 고려대학교 철학과에 입학할 수 있었습니다.

새로운 공부의 길로 들어선 지 4년째 되던 해, 본격적으로 굳은 마음을 먹고 대학입시를 준비했습니다. 지난해 경험 삼아 수능시험을 치러본 저는 1월부터 곧바로 입시 준비에 돌입하여 나름 열심히 공부했습니다. 그러던 중 4월 어느 날이었습니다. 저녁에 입시학원에서 공부를 하고 있는데, 갑자기 무엇인가 강하게 등을 내리치는 것 같은 느낌이 들었고, 그 순간

숨쉬기도 어려울 정도로 통증이 있었습니다. 한동안 책상에 엎드려 있었으나 좀처럼 통증은 가라앉지 않았습니다. 처음에는 담이 걸린 줄 알았습니다. 며칠 동안 증세가 지속되어 병원에 갔더니 결핵이라고 했습니다.

결핵을 치유하려면 몸을 무리하지 말고 충분한 휴식을 취해야 한다고 했습니다. 하지만 저는 마음이 급했습니다. 지금 뒤처지면 올해 수능은 포기해야 하고, 그러면 저에게 올 한 해는 망쳐버린 해가 되기 때문이었습니다. 지금 생각해보면, 그해 수능시험을 망쳤다고 그 한 해를 망쳤다고 생각하는 것은 너무 심한 비약입니다. 하지만 이 땅의 입시생들에게는 그것이 현실입니다. 저 역시 입시 논리 안에서는 별수 없었습니다. 하지만 마음만 급했지 공부를 할 수 없었습니다. 아픈 몸은 제마음처럼 움직여주지 않았지요. 특히 매 끼니마다 먹어야 했던 결핵약은 몸이 버텨내기엔 너무 독했습니다. 약만 먹고 나면 한두 시간은 꼼짝없이 엎드려서 자야 했습니다. 속이 쓰리고 정신이 몽롱해져서 도저히 공부를 할 수가 없었습니다.

학원 선생님들은 말했습니다. "공기 좋고 조용하고 한가롭기만 했을 곳에서 공부하던 네가 공기도 나쁘고 시끄럽고 복잡한 서울 한복판에 와서 공부를 하다 보니 몸이 배겨내지 못했나 보다." 틀림없이 그랬을 겁니다. 생활환경의 변화로 제몸이 힘들었던 것은 틀림없는 사실이었습니다. 이 상태로 학원에 계속 다닌다는 것은 무의미했습니다. 그래서 여름으로 접어들 무렵 어쩔 수 없이 학원을 그만두고 북한산의 작은 암자에 들어가서 몸을 추슬렀습니다. 가을로 접어들었을 때 몸이 꽤 좋아졌습니다. 수능시험까지 약 두 달 정도를 남겨두고 다시 학원으로 돌아왔습니다. 하지만 한 번 놓쳐버린 공부의 고삐를 다시 되잡기에는 이미 늦었습니다.

5년째 되던 해, 1월부터 다시 한번 수능시험 준비에 돌입했습니다. 입시반이 보통 3월쯤에나 시작되었지만, 저는 기초부터 다져나가기 위해 일찍 시작했습니다. 여러 가지 여건상 제게는 이번이 마지막 기회였기에 하루하루 열심히 입시 준비에 매진했습니다. 그런데 5월쯤엔가 다 나았다고 생각했던 결핵이 재발했습니다. 지난해 가을 약을 한 달간 더 복용해야 했는데 그렇지 않아서 그만 사달이 난 것입니다. 입시를 두 달가량 앞둔 시점에 늦게나마 입시를 준비해보고 싶었던 제게 독한 결핵약은 장애물이었기 때문에 받아다 놓기만 하고 복용하지는 않았던 것입니다. 결국 저는 보름 이상 병원에 입원했고, 퇴원 후에도 그 독한 약을 6개월간 또다시 복용해야 했습니다. 하지만 당시 저는 지난해처럼 조용한 곳에 들어가서 요양할 여유는 없었습니다. 약을 먹으면서도 학원에는 계속 다녀야 했습니다.

다행히 그해 겨울 수능시험에서 예상보다 좋은 점수를 얻어서 고려대학교 철학과에 입학할 수 있었습니다. 입시 준비를 하는 과정에서 제게 가장 어려운 과목은 역시 수학과 과학이었습니다. 언어영역이나 사회탐구는 점수가 괜찮았고, 영어도 의외로 점수가 나쁘지 않았습니다. 영어 점수가 괜찮았던 데는 한문을 공부한 덕이 컸다고 생각합니다. 저는 영어단어나 문법에 있어서는 부족한 점이 많았습니다. 단 하나 제가 가진 장점이라면, 영어 문장의 구조나 흐름이 낯설지 않았다는 겁니다. 완전히 일치한 것은 아니지만, 영어의 구조나 전개는 한문과 많이 닮아 있었습니다. 그래서 영어 문장에 대한 두려움이 적었고, 또 모르는 단어가 있는 문장도 추리력을 발휘할 여지가 있었습니다.

그러나 수학이나 과학은 제가 해왔던 공부와는 전혀 다른 영역이어서 좀처럼 따라가기가 어려웠습니다. 그래서 저는 수능 준비 막바지에 수학 교과서와 과학 교과서를 읽기 시작했습니다. 알지도 못하는 문제집을 남들이 하니까 따라 풀면서 답을 찍고 있는 것은 시간 낭비라고 생각했습니다. 차라리 기본 개념이나 기본 공식 하나라도 더 익혀서, 본 시험에 가서 기본 문제는 맞혀야겠다는 생각으로 그렇게 했습니다. 제 생각은 운 좋게 적중했습니다. 지난해 수학이 어렵게 출제되었다는 평가를 받았던 탓에 그해에는 수학 문제가 쉽게 출제되었고, 그래서 기본 개념만 확실히 알고 있으면 풀 수 있는 문제가 많이 출제되었습니다. 평소 모의고사 때는 수리 영역에서 80점 만점에 40점도 받지 못했는데 70점이나 받았으니 결과적으로 제 전략은 성공한 셈이었습니다. 수리 영역에서 획득한 의외의 점수로 저는 평소 가고 싶어 했던 대학에 가서 공부할 수 있게 되었습니다.

'시간표'라는 권력

어찌 되었든 결과가 좋았기 때문에 이렇게 성공담처럼 이야기하고 있습니다만, 사실 준비 과정은 지금 생각해도 정말 끔찍합니다. 아침 일찍 입시학원에 들어가 하루 종일 그곳에 '갇혀' 지내야만 했던 그 시기는 정말 견디기 어려웠습니다. 학원은 더운 날에는 긴팔을 입지 않고는 견딜 수 없을 정도로 완벽한 냉방을 제공해주었고, 추운 날에는 얇은 옷으로도 견딜 수 있을 만큼 충분히 난방을 가동해주면서 공부하게 해주었습니다. 그곳에는 다른 어떤 것도 개입할 여지 없이 오직 입시 공부만을 위해 모든 것이 존재했습니다. 그곳에 있는 모든 학생은 '공부하는 노동자' 같았습니다. 스무 살 안팎의 꽃다운 젊은 친구들이 왜 그렇게 지내야 하는지, 나는 또 왜 여기에 와서 이렇게 시간을 보내고 있는지 회의가 일었던 적이 한두 번이 아니었습니다.

제가 마지막 입시 준비를 했던 곳은 노량진 학원가였습니다. 노량진 건너편에 사육신(死六臣)을 모신 사당이 있고, 사당 주변에는 나무가 우거진 숲이 있었습니다. 언젠가 신록이 싱그럽게 물들어가던 초여름이었을 겁니다. 그날도 저는 아침 일찍 학원에 와서 공부를 하고 있었습니다. 수업이 끝나는 종이 울리면 수험생들은 모두 복도 끝 옥외계단 쪽으로 달려갑니다. 머리를 식히고 싶어도 밖으로 나갈 수 없기 때문입니다. 옥외계단에는 굵은 철창이 둘러쳐져 있었습니다. 안전사고를 방지하기 위해 설치된 것이었지만, 학원생들의 무단 외출을 막기 위한 용도이기도 했을 겁니다. 그날 쉬는 시간에 그곳에 가서 건너편 사육신 묘역의 신록이 물들어가는 숲을 보고 있는데, 문득 가슴이 먹먹해 왔습니다. 철창에 갇힌 짐승처럼 저 너머 신록의 숲을 그리워하고만 있는 자신이 가여웠고 그럴 수밖에 없는 상황이 분했습니다. 당시 저의 먹먹한 심정을 메모해둔 글이 있습니다.

보슬비가 내린다. 철로 둘러쳐진 계단에 서서 날려 오는 보슬비를 맞는다. 옷이 젖고 머리가 젖는데도 피하고 싶지 않다. 철창 너머 보이는 사육신 묘역에 있는 푸른 초목이 싱그러워 좋다. 생각은 어느새 초동의 나로 나를 착각하게 만든다. 오늘같이 부슬비가 오는 날, 꿉꿉해진 마루에 엎드려 오봉산을 안개 속에 내려다보는 나를 말이다. 코로 스며드는 나무 대청의 쾌쾌한 냄새조차 그립다. 계속 사육신 묘역의 신록을 보며 초동으로 달리고 싶지만, 교종은 다시 교실로 돌아오기를 재촉한다. 비에 젖은 철창을 잡고 있던 손을 털고 고개를 돌려 교실로 온다. 이 비에 오봉산의 녹음도 짙어만 갈 테지….

서당에서 살아보지 않았더라도, 계절의 순환과 그에 맞추어 변화하는 자연의 생동감을 느껴보지 않았더라도, 그때 이런 생각이 들었을까요? 입시지옥을 통과하기 위해 견뎌내고 있는 학원 생활이 지긋지긋하다는 것은 느낄 수 있었겠지만, 보슬비가 오는 날 꿉꿉해진 마루에 엎드려 물안개 두른 오봉산을 내려다보는 그 맛을 과연 그리워할 수 있었을까요? 경험해본 적 없는 것은 결코 그리워할 수 없겠지요. 어려서부터 15년 동안 제 몸에 편안함으로 각인되었던 것은 이런 삶이 아니라 자연과 함께했던 서당에서의 삶이었기 때문에 그곳을 그리워하고 있었던 것입니다.

날이 더운지 추운지도 모르고, 꽃이 피는지 지는지도 모른 채, 이른 아침부터 늦은 밤까지 무엇인가를 하염없이 머릿속에 저장했지만 그 과정이 결코 행복하지는 않았습니다. 5년간의 입시 준비 기간 동안 수없이 많은 것을 암기했지만, 그중어떤 것도 자신을 성찰하게 하거나 마음을 충만하게 해주는것은 없었습니다. 저는 나중에야 알았습니다. 제 몸이 아팠던것도 단순히 소음이나 공해 때문만은 아니었다는 것을 말입니다. 제 몸이 이런 방식의 공부를 견뎌내지 못해 아팠다는 것을대학에 들어와서야 알았습니다.

대학에서 저는 다양한 강의를 통해 동서양의 많은 철학자들과 만났고, 그들의 철학 이론이나 사상을 배울 수 있었습니다. 그중에 미셸 푸코(Michel Foucault)라는 근대 프랑스 철학자가 쓴 《감시와 처벌》이라는 책을 공부하게 되었습니다. 이 책은 "모든 인문·사회과학자, 사회운동가와 정치가들이 반드시심사숙고해야 한다"라는 평가를 받았을 뿐 아니라, "이 책이야말로 근대 서양을 가장 명쾌하게 분석한 명저"로 인식됩니다. [*] 이 책에서 푸코는 "서양의 근대 그 자체가 바로 감시의 체계요 처벌의 체계"라는 비판적 주장을 합니다. 그는 그 사례로'시간표'에 주목합니다. 푸코의 다음 이야기를 들어보시겠습니다.

─────

[*] 미셸 푸코/박홍규, 《감시와 처벌》(1996, 강원대학교 출판부) 〈옮기면서〉 중에서

초등교육에서는 시간 분할이 더욱더 정밀하게 되었고, 그곳에서의 활동은 즉각 복종하여야 하는 각종 명령에 의해 세밀하게 통제되게 되었다. …… 19세기 초엽에 와서 상호 교육을 시키는 초등학교 École mutulles에 다음과 같은 시간표가 제안되었다. 〈8시 40분: 교사 입장. 8시 52분: 교사에 의한 집합 구령. 8시 56분: 아동 입장 및 기도. 9시: 착석. 9시 4분: 최초의 석판 기재. 9시 8분: 베껴 쓰기 끝. 9시 12분: 제2회의 석판 기재.(이하 생략)〉 나아가 임금노동 제도의 점차적인 보급에 의해서도 시간의 보다 정밀한 배분이 초래되었다. 예컨대 〈노동자가 시보가 울리고부터 15분 지각하는 사태가 생기는 경우 …… 〉라든가, 〈노동 시간임에도 불구하고 5분 이상 시간을 낭비하는 직공 …… 〉이라든가, 〈소정의 시각에 작업장에 도착하지 않은 자 …… 〉 등이었다. 곧 끝없는 규제, 감시자에 의한 압력, 업무에 방해되거나 혼란시키는 모든 것의 제거가 행해졌다. 중요한 것은 모든 점에서 유익한 시간의 조립이었다.[*]

물론 이렇게 음산하고 삼엄한 감시와 처벌의 기제가 현재 우리 교육 현장에서 자행되고 있지는 않습니다. 하지만 현재

---

[*] 미셸 푸코/박홍규, 《감시와 처벌》(1996, 강원대학교 출판부) 201-202쪽.

교육이 이러한 시스템을 기반으로 해서 진행되어 온 것은 사실입니다. 실제로 제가 처음 학원을 찾아가 입학 수속을 밟을 때, 제 손에 처음 쥐어진 것은 '시간표'였습니다. 가로줄에는 월요일부터 토요일까지 요일이 자리 잡고 있었고, 세로줄에는 아침 9시부터 저녁 5시까지의 시간이 늘어서 있었습니다. 요일과 시간이 교차하는 지점에는 제가 배치된 학급에서 진행되는 교과목이 빼곡하게 적시되어 있었습니다. 학급에 속한 모든 학생은 예외 없이 그 시간표에 맞춰서 하루하루를 보냈습니다. 제가 '시간표'에 주목하는 것은, 그것으로 대표되는 학원(저는 초·중·고 정규학교를 다녀본 적이 없지만, 학교 역시 학원과 기본적으로 다르지 않으리라 생각합니다) 공부 과정이, 물론 푸코의 주장과 같은 감시와 처벌이 자행되고 있지 않다고 해도, 그 자체로 내포하고 있는 문제가 적지 않기 때문입니다.

우선, 학원 시간표는 너무나 몰인정하고 야멸찹니다. 시간표는 해당 학급에서 진행되어야 하는 수업을 명령합니다. 한 수업이 끝나면 그다음 수업을 또 명령합니다. 수업을 듣는 사람들은 이 시간표의 명령에 따라야 합니다. 왜 그 수업을 그 시간에 받아야 하는지는 설명되지 않습니다. 그 수업을 받는 학생들의 처지 역시 고려되지 않습니다. 그 학급에서 공부하는 수십 명 학생들은 다 다릅니다. 이해력도 다르고, 관심 영역도 다르고, 심지어 생체리듬도 다릅니다. 동일인이라 해도 지난주 월요일과 이번 주 월요일이 같을 리 없고, 화창한 날과 비 오는 날이 같을 리 없습니다. 그럼에도 불구하고 이 모든 결은 시간표의 명령 앞에서 같아져야만 합니다. 시간표는 이미 권력입니다. 이제 학생들에게는 두 가지 선택지밖에 없습니다. 시간표에 순응하든가, 아니면 도태되든가.

두 번째 문제점은, 시간표가 궁극적으로 학생들을 공부로부터 소외시킨다는 점입니다. 학원이나 학교를 막론하고 '배우는 곳'에서 진행되는 모든 수업은 학생 즉 '배우는 사람'의 공부를 최우선으로 고려해야 합니다. 시간 분배 역시 배움의 주체인 학생의 공부에 도움을 주는 방향에서 정해져야 합니다. 만일 시간표가 조금이라도 공부에 적합하지 않다면 수정되거나 폐기될 수도 있어야 합니다. 하지만 학원이나 학교의 시간표는 오히려 수업을 관리하고, 학생들에게 명령합니다. 어쩌면 시간표는 애당초 학생을 위해 존재하는 것이 아니라, 학급 내지는 학원 전체의 원활한 운영을 위해 고안된 것처럼 보입니다. 본말의 전도이고, 상식의 붕괴입니다. 시간표가 학생이 아니라 학급을 위해 존재할 때, 학생은 공부로부터 소외됩니다. 자신이 배워야 하는 모든 것이 애당초 자신과 무관하게 제정되었기 때문입니다. 공부의 주체가 그 공부를 왜 해야 하는지에 대해 회의한다면 그것은 곧 소외입니다. 공부의 주체가 공부를 회의하고 공부에서 소외되는 그런 공부에서 무엇을 기대할 수 있겠습니까.

어려서부터 학교에서 공부하고, 시간표에 따라 생활하며 자란 사람에게는 시간표가 당연하게 받아들여질 겁니다. 시간표대로 순응하는 것이 옳고, 그렇지 못한 것이 그르다고 여길 겁니다. 물론 그렇게 믿는 사람에게는 그것이 맞을 수도 있습니다. 하지만 적어도 제게는 그렇지 않았습니다. 아니, 제 몸이 우선 그렇게 강요된 시간을 견뎌낼 수 없었습니다. 그것도 하루 이틀이 아니라 몇 년 동안을 그렇게 지내야 하는 것은 결코 익숙해지지 않았습니다. 왜냐하면 서당에서 자란 제 몸에 새겨진 익숙함은 제가 시간에 맞추는 것이 아니라 시간이 제게 맞추는 공부였기 때문입니다.

서당이라고 해서 시간 분배 없이 아무렇게나 공부하는 것은 아닙니다. 앞에서 살펴본 것처럼 이른 새벽부터 늦은 밤까지 쉴 새 없이 무엇인가를 하도록 시간은 분배됩니다. 하지만 분배된 시간은 대강의 울타리일 뿐 완고한 담벼락이 아닙니다. 예컨대, 오전에 무엇을 해야 한다고 되어 있더라도 어떤 상황에 의해 오후의 것과 바뀔 수도 있고, 정 뭣하면 하루 연기될 수도 있는 게 서당의 시간입니다. 왜냐하면 공부는 사람이 하는 것이고, 사람이란 예기치 않은 여러 이유로 인해 항상 동일한 상태를 유지할 수 없기 때문입니다. 몸의 상태는 물론이고 마음의 상태 역시 마찬가지입니다. 더구나 우리의 몸과 마음은 날씨나 계절의 변화에도 영향을 받습니다. 서당의 시간에는 이러한 여러 가지 결을 담아낼 수 있는 여백이 있습니다. 배우는 곳에서 시간의 분배는 사람이 공부를 하기 위해 필요한 것이지, 시간을 지키는 것 자체가 목적이 될 수 없다는 것이 서당의 시간에 대한 이해입니다.

여름 공부와 겨울 공부는
달라야 한다

서당에서 공부하는 모든 사람은 각자가 자신이 활용할 시간의 주인입니다. 앞에서 살펴본 것처럼 서당에서는 각자 배우는 책이 다르고, 수업을 받는 시간도 다릅니다. 한 공간 안에서 함께 생활하고 공부하지만, 획일적으로 수행해야 하는 것은 거의 없습니다. 자신이 오늘 어떤 부분을 얼마만큼 배워야 할지도 자신이 정합니다. 혹은 오늘은 진도를 나가지 말고 예전에 배웠던 밑글을 복습해서 다져놔야겠다고 생각되면 그렇게 할 수도 있습니다. 어떤 날에는 특별한 이유 없이 마음이 심란해서 글이 눈에 들어오지 않는 날이 있습니다. 이럴 땐 책을 붙들고 앉아 있다 해서 공부가 되지 않는다는 것은 누구나 압니다. 산이나 계곡에 가서 조용히 혼자 머리를 식히거나 크게 소리라도 지르고 와야 할 때가 있습니다. 서당에서는 그것이 가능했습니다.

이런 점에서, 서당의 시간은 매우 자율적이라고 말할 수 있습니다. 자율이란 자기 규율의 줄임말입니다. 목적지에 안전하고 정확하게 도달하기 위해서는 바른길을 선택해야 하고, 그 길에서 벗어나지 않아야 합니다. 인생이나 공부 역시 마찬가지입니다. 그래서 필요한 것이 규율입니다. 하지만 규율은 자신이 동의할 수 있어야 합니다. 자신이 자신에게 요구된 규율에 동의하려면, 그 규율이 선의로 존재한다는 것이 이해되어야 합니다. 만일 규율이 자신의 상황이나 수준 등을 고려하거나 배려하지 않은 채 선의적이지 않은 방식으로 강요된다면 결코 동의하기 어려울 것입니다. 자신이 동의할 수 없는 상황임에도 규율을 지켜야 한다면, 그것이 바로 타율입니다. 타율은 필연적으로 소외를 낳기 마련입니다. 타율적 규율은 처벌과 연동되고, 자율적 규율은 책임으로 귀결됩니다.

서당의 시간이 공부에 결정적인 영향을 미치는 경우는 계절이라는 큰 틀에서입니다. 특히 여름과 겨울은 봄·가을과는 달리 사람들의 삶에 커다란 영향을 줍니다. 그래서 서당에서는 여름 공부와 겨울 공부가 다릅니다. 낮이 길고 더운 여름은 사람들로 하여금 집 안에만 앉아 있기 어렵게 만듭니다. 그래서 서당의 여름은 방 안에서 경전을 하루 종일 읽고 외우는 공부를 삼갑니다. 대신 《고문진보(古文眞寶)》 또는 《당음(唐音)》이나 《연주시(聯珠詩)》를 배우면서 시문(詩文)을 익힙니다. 그리고 한시 역시 넉 줄짜리 절구(絕句)가 아닌 여덟 줄짜리 율시(律詩)를 짓습니다. 시를 지을 때도 방에 앉아서 지으라고 강요하지 않습니다. 운자를 받아 들고 숲속을 찾아가든 계곡을 찾아가든 상관하지 않습니다. 해 질 녘에 시 한 수만 지어 제출하면 됩니다.

서당의 겨울 공부는 글공부를 위주로 합니다. 서당에서는 글공부하기 좋은 시간으로 '삼여(三餘)'를 말합니다. 삼여란 세 가지 유형의 여유로운 시간을 일컫는 말로, 밤과 비 오는 날 그리고 겨울을 가리킵니다. 이 세 가지는 외부 활동이 불편하거나 불가능한 시간입니다. 글공부는 백독과 암송을 하는 데서도 알 수 있는 것처럼 글과 사람이 익숙해지는 과정이 필요합니다. 그렇기 때문에 가능하면 글에 침잠할 수 있는 물리적 시간이 확보되어야 합니다. 그래서 서당에서는 삼여 중에서도 겨울 공부를 중시하고, "겨울 석 달 공부가 한 해 공부의 절반"이라고 말합니다. 서당의 겨울은 새벽부터 밤늦게까지 경전을 읽고 외우는 낭랑한 소리가 그치지 않습니다.

서당이
자연을 대하는 관점

학교나 학원과 비교했을 때 서당이 갖는 차별성은 시간뿐만
아니라 공간에서도 확인할 수 있습니다. 서당이 갖는 공간적
특징으로는 자연 속에 자리하고 있다는 점을 들 수 있습니다.
'자연'이라 하면 사람들은 우선 신선한 공기나 맑은 물을 떠올
리거나 나무와 꽃 또는 새와 나비 등을 연상할 것입니다. 이러
한 연상은 곧장 도회지의 각박함에서 벗어난, 소박하지만 여
유로운 삶의 공간에 대한 연상으로 이어지기 마련입니다. 물
론 이렇게 연상되는 '자연' 속에 서당이 자리하고 있는 것은
맞습니다. 하지만 제가 서당의 공간적 특징으로 말씀드리려는
자연은 조금 각도가 다릅니다.

'자연'에 대한 우리의 일반적 인식은 명사로서의 자연입니다. 서당의 공간적 특징에서 말하려는 자연은 명사가 아닌 형용사 또는 동사로서의 자연입니다. 우리가 자연을 명사로 인식한다는 것은 자연을 인간이 정한 범주의 틀 속에서 대상화하는 것이며, 대상화는 결국 인간이 자연을 정복하고, 향유하고, 보호할 대상으로 인식하는 오만함으로 전개될 가능성이 높습니다. 이에 비해 자연을 형용사 또는 동사로 이해한다는 것은 자연 그 자체가 갖고 있는 힘과 스스로의 법칙에 따라 전개되는 현상에 공감하고 이를 존중하는 태도를 내포하고 있습니다. 형용사나 동사로서의 자연(自然)이란 말 그대로 '스스로 그러함' 또는 '저절로 그러함'입니다.

　이와 같은 차이가 갖는 의미를 보여주는 실험이 있습니다. 그림처럼 원숭이와 팬더와 바나나가 그려진 그림을 사람들에게 보여주고, 그림에 등장하는 셋 중에 둘을 짝지어 묶어보라고 묻습니다. 이 실험에 참가한 사람들 중 서양인은 대체로 원

숭이와 팬더를 짝지어 묶었고, 동양인은 원숭이와 바나나를 짝지어 묶었습니다. 실험에서 원숭이와 팬더를 짝지어 묶은 사람들은 "원숭이와 팬더는 같은 동물에 속하지만 바나나는 식물이기 때문"이라고 설명했습니다. 이에 반해, 원숭이와 바나나를 짝지어 묶은 사람들은 "원숭이가 바나나를 좋아하기 때문"이라는 이유를 들었습니다.[*]

이 실험에서 우리는, 같은 동물이라는 이유로 원숭이와 팬더를 짝지어 묶는 것은 존재 세계를 분류체계로 범주화하는 관점이 반영되어 있고, 원숭이가 바나나를 좋아하기 때문에 원숭이와 바나나를 짝지어 묶는 것은 원숭이와 바나나 사이에 형성된 관계성에 주목하는 관점이 반영되어 있다는 것을 읽을 수 있습니다. 여기에서 우리가 정말 주목해야 하는 것은, 원숭이와 팬더를 같은 동물이라고 범주화한 것은 원숭이나 팬더의 입장에서가 아니라 어디까지나 우리 입장에서 바라본 것이지만, 원숭이가 바나나를 좋아한다고 보는 것은 우리 입장에서가 아니라 원숭이와 바나나 사이에 실제로 형성된 관계에 주

---

[*] 이 실험은 세상을 명사 중심으로 보려는 경향이 상대적으로 강한 서양과 동사 중심으로 보려는 경향이 강한 동양의 차이를 문화·심리·언어 등 다양한 각도에서 다양한 방식으로 보여주기 위한 일환으로 진행되었습니다.(2008년 4월 21일 방송된 EBS 다큐프라임 〈동과 서〉 참조. 이 프로그램은《EBS 다큐멘터리 동과 서》(2012, 지식채널)로 출판되기도 했습니다.)

목한 것이라는 점입니다. 이를 조금 더 나아가 해석하자면, 그들 스스로는 전혀 동질성을 느끼지 못하는 원숭이와 팬더를 동물이라는 '범주'로 묶어버리고 이를 당연하게 생각하는 우리의 관점은 어쩌면 폭력적인 시선으로 해석될 수 있습니다. 하지만 원숭이가 바나나를 좋아한다는 데 주목하는 관점은 그들의 관계에 공감하고 그들의 입장을 존중한다는 점에서 겸손하고 친절한 시선을 느낄 수 있습니다.

서당은 분명 산 좋고 물 좋은 자연 속에 자리 잡고 있습니다. 하지만 아무리 산 좋고 물 좋은 곳에 집을 지어 놓았다 하더라도 그곳에 있는 사람이 자연을 명사로만 이해한다면, 도회지 콘크리트 건물 속에서 공기청정기가 내뿜는 공기를 호흡하고 정수기에서 나오는 물을 마시는 것과 무엇이 다르겠습니까? 서당의 공간은 단순히 산 좋고 물 좋은 경관을 탐하여 자연 속에 있는 것이 아니라, 자연을 호흡하고 자연에 공감하고 자연에 부합하는 삶과 자연스럽게 친화하기 위해 자연 속에 있는 것이라 생각합니다. 동이 트려면 아직 이른 새벽 닭소리에 잠을 깨고, 달빛 받은 대나무 그림자가 창을 쓰는 늦은 밤 소쩍새 울음을 들으며 잠을 청합니다. 자연의 흐름과 함께 호흡하므로 해가 나면 일어나 공부하고 달이 지면 책을 덮지만, 화창하게 갠 날과 비 오는 날이 같을 리 없는 사람의 마음을 보듬는 여백 또한 서당에는 있습니다. 봄·여름·가을·겨울 매일매일 조금씩 바뀌어 가는 모습이 빚어내는 자연의 풍광은 서당 사람들의 공감을 통해 시 속에 펼쳐집니다. 서당에서 공부하는 내용조차 그러한 자연의 조건에 맞게 변화를 주기 때문에 봄·가을에 하는 공부와 여름에 하는 공부, 겨울에 하는 공부 역시 조금씩 달라지는 것은 당연합니다.

　파괴되어 가는 자연과 환경의 '눈물'을 TV 다큐멘터리나 책으로 확인하고, 이를 보호할 수 있는 구체적인 방법을 배워 실천하는 것도 물론 중요합니다. 하지만 교육의 본질적 차원에서 더욱 중요한 것은 자연과 환경에 대해 공감할 수 있는 심성을 기르는 것이 아닐까 싶습니다. '보호'란 주체가 객체에게 가하는 시혜(施惠)의 성격을 띠지만, '공감'이란 주체와 객체가 분리되지 않은 상생(相生)을 뜻합니다. 서로가 서로를 살리는 관계라는 뜻의 상생이란, 그의 존재가 나의 존재를 더욱 풍성하게 하고 나의 존재로 인해 그의 존재가 보다 온전해지는 관계라 할 수 있습니다. 이런 관점에서 본다면, 우리가 자연과 환경을 보호한다는 것은 애당초 교만한 발상인지도 모르겠습니다. 우리는 그저 자연과 호흡하고 공감하는 삶을 통해 더 풍성하고 온전한 삶을 살아가는 것뿐일 테니 말입니다.

　서양인들이 동양의 그림을 보면서 매우 생소하게 느끼는 것이 동양화에는 등장인물이 매우 작게 그려져 있다는 사실이라 합니다. 조선 말기 대표적인 화가인 소치(小癡) 허련(許鍊:

소치 허련〈산수도〉,
국립중앙박물관 소장.
작게 그려진 그림의 주인공을 통해
옛사람들의 관점과 사유를
엿볼 수 있다.

1808-1892)의 작품을 보겠습니다. 동양에서는 일찍부터 그림
[畫]과 시(詩)는 상보 관계에 있다고 보았습니다. 그래서 항상
그림에는 그 그림을 설명해주는 시나 글이 쓰이게 마련인데,
이러한 시나 글을 화제(畫題)라 합니다. 이 작품의 화제는 다음
과 같습니다. "다리 건너는 시골 노인 명아주 지팡이 짚고, 해
저문 저녁놀을 짝 삼아 돌아온다." 화제의 설명대로라면 이 그

림의 주인공은 해 질 녘 명아주 지팡이를 짚고 다리를 건너는 시골 노인입니다. 그런데 정작 그림의 주인공인 시골 노인은 오른쪽 아랫부분 귀퉁이에 아주 자그맣게 그려져 있을 뿐입니다. 왜 그림의 주인공은 이렇게 작게 처리되었을까요? 일부러 작게 그리려 해서가 아닐 겁니다. 화가의 생각으로는 이 정도 크기로 그렸을 때 가장 알맞다고 보았기 때문일 것입니다. 그렇다면 화가는 왜 주인공을 이렇게 작게 그려야 알맞다고 보았을까요?

우리는 이 그림에서 다음과 같은 점을 읽을 수 있습니다. 첫째는 인간이라는 존재의 크기에 관한 것입니다. 옛사람들이 보기에 자연 속에서 우리 인간이란 딱 이만한 크기의 존재였습니다. 이만한 존재가 자연을 보호한다거나 심지어 정복하고 지배한다는 것은 상상할 수 없는 일입니다. 그저 자연과 호흡하고 자연에 공감하면서 자연으로 인해 치유받는 존재였을 겁니다. 둘째는 인간이라는 존재를 설명하는 구도에 관한 것입니다. 옛사람들이 보기에 누군가의 어떤 상황은 그 사람을 둘러싼 환경 속에서 설명될 수 있었습니다. 해 저문 저녁놀을 짝삼아 돌아오는 노인을 표현하기 위해서는 노인을 그리는 것만으로는 부족합니다. 그가 존재하는 시간과 공간적 배경을 보여주지 않고는 설명할 길이 없다고 화가는 생각했을 겁니다. 그렇기 때문에 동양화 속 인물은 항상 그들을 둘러싼 자연환경 속에 존재하며, 그렇기 때문에 크기는 자그맣지 않을 수 없었던 것입니다. 이러한 옛사람들의 관점과 사유는 분명 서당의 공간적 특성에서 말하고자 한 자연 속에서 공부한 결과로 빚어진 것이라 믿습니다.

감시와 통제가 없는
열린 구조

서당의 공간을 이야기할 때 또 한 가지 눈여겨보아야 할 것이 바로 학습공간의 구조입니다. 이 점은 서당을 이야기할 때면 자연스럽게 떠올리게 되는 단원 김홍도의 〈서당도〉에 잘 나타나 있습니다. 〈서당도〉를 보면, 한 아이가 훈장님 앞에 나와 울고 있고, 그 모습을 안타깝게 바라보는 연세 지긋하신 훈장님과 재미있다는 듯 키득거리는 여러 학동의 모습이 정겹게 그려져 있습니다. 이 그림을 통해 우리는 서당의 공간 배치가 갖는 아주 중요한 점을 확인할 수 있습니다.

첫째, 서당은 훈장님을 중심으로 하여 모든 학동이 빙 둘러 앉도록 배치되어 있다는 점입니다. 이는 학생들이 선생님 한

단원 김홍도 〈서당도〉,
국립중앙박물관 소장

분을 향해 줄지어 앉도록 배치된 학교의 공간 배치와 근본적
으로 다른 것입니다. 학교식 공간 배치는 아마도 선생님 한 분
이 주어진 시간에 수십 명의 학생을 효율적으로 지도하기에
적합한 구조로써 고안되었을 것입니다. 이에 비해 서당의 공
간 배치는 모든 사람이 모든 사람에게 열려 있는 구조입니다.

훈장님만 학동들을 볼 수 있는 것이 아니라, 학동들 또한 훈장님을 비롯한 모두를 바라볼 수 있는 구조입니다. 누가 누구를 감시하고 통제하도록 고안된 구조가 아니라 자연스럽게 모여 앉은 구조입니다.

둘째, 그림 속에서도 확인할 수 있는 것처럼 서당의 구성인원은 10명 정도에 지나지 않는 소규모라는 점입니다. 이처럼 소규모인 이유 중에는 분명 서당 건물 자체가 비좁아서 그 정도밖에 수용할 수 없는 측면도 있을 것입니다. 하지만 그보다 더욱 중요한 이유는 서당의 스승이 제자 한 명 한 명에게 관심을 기울이면서 가르쳐 기를 수 있는 범위가 이 정도였기 때문입니다. 즉, 제자가 10명이라는 것은 곧 수업이 10번이나 이루어진다는 뜻입니다. 그러다 보니 스승이 제자들을 가르치기에 그 이상은 무리입니다. 앞에서 살펴보았던 것처럼, 서당의 수업은 학교처럼 선생님 한 분이 수십 명의 학생을 향해 일시에 강의를 하는 방식이 아니라, 한 사람 한 사람과 일대일로 수업을 진행하는 방식입니다. 그리고 보면 서당의 규모는 작은 것이 아니라, 한 분의 스승이 가르쳐 기를 수 있는 제자들의 범위를 보여주는 가장 적절한 본이라 할 수 있습니다.

셋째, 10명 안팎의 학동이 다양한 연령대로 구성되어 있다는 점입니다. 즉, 학교처럼 또래로만 묶어서 학급을 구성하는 방식이 아니라, 막내부터 큰형까지 구성원들의 연령이 한두 살 터울을 갖는 형태입니다. 저는 이러한 연령 구성이 마치 계단처럼 생겼다고 보아 '계단 꼴 구성'이라 부릅니다. '계단 꼴 구성'이 갖는 의의에 대해서는 다음에 다시 언급할 것이고, 여기에서는 한 가지만 말씀드리고 싶습니다. 학습 공간의 인적 구성이 동년배로만 이루어져 있는 것은 매우 인위적인 고안이며, 이러한 구조는 결코 건강한 학습을 보장하기 어렵다는 것입니다. 자연적 공간 그 어디에도 동일한 종으로만 이루어진 공간은 없습니다. 다양한 종이 함께 어울려 서로가 서로에게 도움을 주고받으며 공존하는 것이 삶의 자연스러운 형태입니다. 동일한 종으로만 이루어진 공간이 있다면 그것은 인간이 인위적으로 구성해낸 공간뿐입니다. 드넓은 대지에 동일한 꽃이나 과일이나 곡물이 자라거나, 소나 돼지, 닭 등 동일한 종만 집약적이고 대규모로 키우는 농장 같은 곳 말입니다. 농장에서 재배된 식물이나 축산물이 자연 상태에서 자란 식물이나 축산물에 비해 건강하지 못하다는 것을 우리는 잘 알고 있습니다.

학습이란 단순히 지식과 정보의 전이와 이식만을 위한 작업이 아닙니다. 우리의 삶을 위해 필요한 과정이고, 또 하나의 삶의 과정입니다. 그렇다면 학습이 이루어지는 인적 구성 역시 삶과 연계되어야 함은 당연합니다. 다양한 연령대의 사람들과 교류하지 않고 동년배들하고만 매일 매일을 살아야 하는 공간은 초·중·고등학교 교실 말고는 이 세상 어디에도 없습니다. 이 역시 학생들을 효율적으로 관리하고 지도하기 위한 목적에 부합한 인적 구성일 뿐 학생의 건강한 학습을 위한 구성은 아닙니다. 인위적으로 고안된 공간에서 건강한 삶을 기대하기 어렵고, 그런 환경에서 건강한 학습을 기대하기는 더욱 어렵습니다. 이에 비해 서당의 '계단 꼴 구성'은 훨씬 풍성한 소통이 가능하고, 그러한 환경에서 건강한 학습도 기대할 수 있습니다.

이처럼 학습 공간의 배치 구조와 크기, 인적 구성에 있어서 서당과 학교는 매우 다릅니다. 구조는 그 구조 속에 있는 사람들의 신체를 틀 지우고 그 틀은 그들의 생각과 행위를 규정합니다. 맹자는 일찍이 "제아무리 생명력이 강한 생물도 하루만 햇볕을 쪼이고 열흘 동안은 추위에 노출된다면 살아갈 수 없을 것"이라고 말했습니다.[*] 생명력이 강한 생물도 그러할진대, 보통의 생물은 더 말할 필요가 없습니다. 즉, 이 세상 모든 것은 적정한 환경이 유지될 때 보존되고 성장할 수 있는 것입니다. 우리의 삶이라고 어찌 다르겠습니까.

우리가 바람직하다고 여기는 삶 역시 순간적이고 단편적으로 환기한다고 해서 그렇게 살 수 있는 게 아닙니다. 일찍

---

[*] 《맹자(孟子)》〈고자상(告子上)〉: "雖有天下易生之物也, 一日暴之, 十日寒之, 未有能生者也."

부터 그러한 삶의 방식과 구조에 익숙해질 수 있는 시간과 공간 속에서 늘 존재해야 합니다. 가르치고 배우는 공간 역시 예외일 수 없다는 점에서 서당의 시간과 공간이 주는 의미는 매우 중요합니다.

스승과 제자,
서로를 선택하고 책임지는 관계

삶과 배움의 경계는 제시하되 결코 강압하지 않는 '시간'과, 향유하기 위함이 아니라 그 안에서 살고 배우기 위해 자연이라는 '공간' 위에 있는 배움의 공간이 서당입니다. 이러한 시간과 공간의 좌표 위에 있는 서당을 진정한 가르침(敎)과 배움(學)의 장으로 엮어가는 것은 역시 사람들입니다. 그러므로 서당을 이야기하면서 스승과 제자의 관계 그리고 동문 학우들과의 관계에 대해 이야기하지 않을 수 없습니다.

사실 우리 삶에서 중요한 지점에는 항상 '관계 맺기'가 매개되어 있습니다. 우리가 이 세상에 태어난 순간부터 그렇습니다. 우리는 애당초 스스로의 자발적 의지와 독립적인 힘으로 존재하게 된 게 아닙니다. 아버지와 어머니의 만남으로 인해 그분들의 아들 혹은 딸로 태어난 것입니다. 부모와 자녀 관계로 만나고 나서는 할아버지·할머니, 언니(누나)·오빠(형), 삼촌·고모·이모로 펼쳐지는 수많은 관계망 속에서 보호받으며 자라게 됩니다. 성장과 더불어 관계망은 가족의 울타리를 넘어 외부로 확장됩니다. 교우관계나 사제관계는 경험의 확장과 지적 성장을 이루는 데 토대가 됩니다. 그리고 평생의 반려자를 만나 부부의 인연을 맺고, 그로 인해 아들과 딸을 얻음으로써 가정을 일구게 됩니다. 이 밖에도 수많은 사람과 사적으로 혹은 공적으로 다양한 관계를 맺음으로써 씨줄과 날줄의 조직처럼 내 삶은 엮어지게 됩니다.

우리는 이렇게 일생 동안 수많은 사람과 다양한 관계를 맺고 살아가게 되며, 옛사람들은 이러한 관계를 총칭하여 인륜(人倫)이라고 부르면서 중시했습니다. 인륜 관계도 그 안으로 들어가서 살펴보면 조직되는 결이 다르다는 것을 알 수 있습니다. 인륜이 맺어지는 결은 크게 두 가지로 구분해볼 수 있는데요. 하나는 내 의지와 상관없이 부여되는 관계이고, 다른 하나는 내 의지로 선택하는 관계입니다. 전자가 부모·자식의 관계와 이를 바탕으로 파생된 혈연관계이며, 이를 특별히 천륜(天倫)이라고 합니다. 천륜 관계 이외의 모든 인륜 관계는 자신이 직접 선택하거나 자신을 대신한 누군가의 선택으로 맺어지는 관계입니다.

서당에서 스승과 제자가 맺는 관계는 기본적으로 상호 선택으로 이루어집니다. 우선 제자가 될 사람(혹은 그를 대신해 그의 학부형)이 훌륭한 스승을 찾아가는 것으로 스승과 제자의 관계 맺기는 시작됩니다. 스승이 아무리 깊은 산 궁벽한 곳에 계신다 할지라도 천 리 길을 멀다 않고 찾아가 그 앞에 무릎을 꿇고 제자 되기를 청하는 것이 스승과 제자가 관계를 맺는 시작입니다. 이렇게 제자가 스승을 찾아가는 행위의 본질적 의미는 제자가 스승을 선택하는 것이라는 점을 이해해야 합니다. 가만 생각해보면 제자에게 가르침을 제공해줄 수 있는 인물은 얼마든지 있었을 것입니다. 하지만 제자는 그 수많은 '스승 후보군' 중에서 바로 '그분'을 스승으로 선택한 것입니다. 스스로 선택한 분이기에 그분을 만나러 가는 길은 고통이 아니라 기대와 희망일 것입니다.

제자가 스승을 선택해 찾아왔다고 해서 기다렸다는 듯이 그를 제자로 받아들이는 스승은 없습니다. 텔레비전 사극 속에 등장하는 모든 스승과 제자의 관계 맺기 장면을 떠올려보시죠. 제자가 찾아오면 스승은 항상 깐깐하게 이렇게 말씀하십니다. "나는 너를 제자로 받아들일 생각이 없다!" 그러고는 문을 '쾅!' 닫아버립니다. 제자는 마당에 무릎을 꿇고 자신을 제자로 받아줄 때까지 물러가지 않겠다는 다짐을 몸으로 표현합니다. 그럴 땐 항상 밤새 눈이 내립니다. 아침 일찍 일어난 스승이 방문을 열고 나왔을 때, 마당에는 밤새 눈을 맞은 제자가 양어깨에 눈을 고스란히 받아 안은 채 무릎을 꿇고 앉아 있습니다. 그런 제자의 진정성과 간절함을 확인한 스승은 이내 마음을 열고 그를 제자로 받아들입니다.

이것은 물론 극적으로 연출한 장면입니다만, 그 안에서 우리는 스승이 누군가를 제자로 받아들이는 중요한 과정을 읽을 수 있습니다. 바로 '선택'입니다. 누군가가 제자로 받아달라고 하니까 받아들이는 것이 아닌 스승 자신의 선택 말입니다. 제자는 오래전부터 여러 사람을 두고 스승으로서 누가 적합할지를 저울질했을 것입니다. 그리고 이분이 스승으로서 가장 적합한 분이라 판단해서 찾아온 것입니다. 하지만 스승 입장에서는 그가 누구인지도 아직 모르는데 제자로 받아들일 수는 없습니다. 스승 역시 그가 제자가 되면 자신의 가르침을 온전히 전수받을 수 있을지를 가늠할 시간이 필요합니다. 마치 어떤 아가씨를 짝사랑하던 총각이 사랑을 고백했다고 해서 아가씨가 선뜻 그 총각의 사랑을 받아줄 수 없는 것과 마찬가지입니다. 이런 상황에서 보통 아가씨는 우선 거절하고 볼 겁니다. 아가씨에게도 그 총각이 어떤 사람인지, 애인이 되어도 좋을지 판단할 시간이 필요하기 때문입니다.

스승과 제자의 관계 맺기에 있어서 핵심은 '선택'입니다.

사제관계뿐만 아니라 대부분의 인륜 관계에서 선택은 아주 중요하게 여겨졌습니다. 왜냐하면 선택은 책임을 동반하기 때문입니다. 천륜 관계야 선택해서 맺어진 관계가 아니지만 '피'로 맺어졌다는 이유만으로도 이미 커다란 책임감을 상호 공유합니다. 하지만 그 이외의 인륜 관계란 애당초 서로 무관했던 사람들끼리 맺는 관계이기 때문에 상호 간에 강한 책임감을 처음부터 기대하기는 어렵습니다. 인간관계에서 서로에 대한 책임감의 강도와 관계에서 수행해야 할 역할의 성실도는 비례 관계에 있습니다. 예컨대, 남편으로서 아내에 대한 책임감이 강할수록 남편으로서 성실하게 역할을 할 것입니다. 그렇다면 상호 무관했던 관계 주체들이 서로에 대한 책임감을 강하게 공유하고 이를 성실한 역할 수행으로 이어지도록 하기 위해서는 무엇이 필요할까요? 바로 선택이었던 것입니다. 어떤 분을 스승으로 모시고 따르겠다는 자발적 선택을 하는 순간, 제자는 자신이 선택한 스승의 가르침에 자신을 온전히 맡기고 어떠한 과정도 성실히 따르겠다는 책임감을 동반하게 됩니다. 스승 또한 제자의 결의와 자세를 파악하기 위한 '까칠한' 선택을 함으로써, 제자가 자신의 가르침을 받음으로써 훨씬 변화된 모습으로 성장하도록 기르겠다는 책임감을 갖게 되는 것입니다.

제가 겸산 선생님을 스승으로 모시고 공부하게 된 과정에 사제의 관계 맺기와 관련된 두 가지 에피소드가 있습니다. 첫 번째 에피소드는 저의 외할아버지와 관련된 것입니다. 저는 겸산 선생님이 계시는 초동서사로 가기 전까지 6년 동안이나 외가가 있던 남원에서 공부를 했습니다. 외할아버지는 남들이 하지 않는 한학 공부를 하기 위해 집 떠나 내려와 있는 외손자들을 친손자 이상으로 보살펴주셨습니다. 외할아버지는 한학에 조예가 아주 깊은 분은 아니었지만, 한의학, 역학, 풍수에 이르기까지 다방면에 식견을 갖추고 계셨습니다. 제가 초동서사로 가기 전 외가에 들렀을 때 외할아버지는 제게 이렇게 말씀해 주셨습니다. "사람이 누군가의 앞에 무릎을 꿇는다는 것은 제 몸뚱이를 그에게 맡긴다는 뜻이다. 네가 새로운 선생님께 공부하러 가는 것도 마찬가지다. 가거든, 선생님의 가르침을 절대로 믿고 철저히 따라야 한다." 말씀은 간단했지만 뜻은 깊었습니다. 임금에게 신하가 그랬을 것이고, 스승에게 제자가 그랬을 것입니다. 그 앞에 무릎을 꿇고 맺는 모든 관계는 자기 자신을 그에게 맡긴다는 의미입니다. 그 의미가 이와 같았기 때문에 누군가에게 쉽게 무릎을 꿇을 수 없습니다. 무릎을 꿇기 전에 많은 고민을 해야 하고, 일단 무릎을 꿇고 나면 자신이 선택한 이 관계에 강한 책임감을 가져야 마땅합니다. 외가를 떠나 공부하러 가는 외손자들에게 해주신 외할아버지의 당부는 이것이었습니다.

두 번째 에피소드는 제가 처음 겸산 선생님께 글을 배우러 갔을 때 벌어진 일입니다. 저는 동생과 함께 초동서사에 입문했습니다. 저는 술 한 병과 약간의 안주를 준비해서 초동서사를 찾아갔고, 그곳에서 먼저 공부하고 있던 형을 가리키며 '제가 아무개의 아우'라는 말씀을 드리고 겸산 선생님께 첫 절을 올렸습니다. 겸산 선생님은 요즘 세상에 삼 형제가 이렇게 한학을 하는 것이 대견하다며 기쁘게 맞아주셨습니다. 그때 저는 초동서사에 처음 갔지만, 이미 형이 그곳에서 공부하고 있었기 때문에 그리 낯설지는 않았습니다. 그곳에서 공부하고 있던 대부분의 선배나 학우들 또한 이미 이전부터 면식이 있는 분들이었기 때문에 저희를 기꺼이 반겨주었습니다. 이렇게 제가 초동서사에 들어가 공부하는 것은 모두에게 자연스럽고 당연했습니다. 사흘쯤 뒤, 이른 아침 저는 겸산 선생님께 처음으로 글을 배우기 위해 책을 들고 선생님 방으로 건너가 선생님 앞에 무릎을 꿇었습니다. 그리고 배울 글을 읽으려는 순간, 선생님은 "지금 뭐 하는 것인고?"라고 하셨습니다. "글을 배우려고 합니다." 그러자 선생님은 "네가 언제 내게 글 배우겠다고 한 적이 있으며, 내가 언제 너를 가르치겠다고 한 적이 있느냐?"라고 하셨습니다. 그 순간 저는 아무 말도 할 수 없었습니다. 왜냐하면 미리 가르침을 청하고 스승의 승낙을 받는 너무나도 당연한 절차를 빠뜨렸기 때문이었습니다.

경위는 이러했습니다. 제가 그해부터 초동서사에 들어가 공부한다는 것은 관계된 모든 사람이 알고 있었습니다. 또한 겸산 선생님께서 저를 제자로 받아들이지 않을 이유가 특별히 없었고, 따라서 제가 초동서사에 들어가는 데 문제가 될 소지는 아무것도 없었습니다. 즉, 저를 포함해 모든 사람이 제가 초동서사에 입문하는 것을 매우 자연스럽고 당연하게 여겼습니다. 하지만 그 자연스럽고 당연함이 오히려 가장 중요한 절차를 빠뜨리는 착시현상을 야기했던 것입니다. 저는 제가 겸산 선생님을 찾아뵙기 전에 형이 먼저 말씀을 드려놓았으리라 믿었고, 형은 제가 선생님께 인사를 드리면서 말씀을 드리리라 생각했는지 모르겠습니다. 아니, 어쩌면 그런 생각 자체를 형이나 제가 하지 않아도 될 만큼 모든 상황이 자연스럽고 당연했다고 하는 것이 맞을 겁니다. 그러나 현실은 가르침을 청한 적도 없는 제가 글을 배우겠다며 선생님 방으로 들어온 것이었고, 제자로 받아주지도 않은 선생님 앞에 제자인 척하며 무릎을 꿇고 있었던 것입니다. 그 순간 얼마나 송구하고 민망했는지, '모골(毛骨)이 송연(悚然)하다'는 말을 그때 확실하게 실감했습니다. 선생님은 "책 들고 당장 나가!"라시며 노여워하셨지만, 저는 나갈 수 없었습니다. 그렇게 나가면 정말 선생님 문하에서 공부하기를 포기해야 한다고 느꼈기 때문입니다. 선생님의 언성이 높아지자 선배 형님들이 방문을 열고 경위를 설명 드리면서 선생님께 선처를 청했습니다. 한참 동안 생각에 잠겨 있던 선생님은 마침내 제게 글 배우는 것을 허락하셨고, 저는 그렇게 겸산 선생님의 제자가 되었습니다.

전통적 관점에서 보면 오늘날 교사와 학생의 관계 맺기는 분명 생각해볼 문제가 있습니다. 현재 모든 학교에서 이루어지는 교사와 학생의 관계 맺기는 관계 주체의 의지에 따라 상호 선택하는 것과는 매우 거리가 멉니다. 선택은 고사하고, 담임교사와 학생들은 새 학기가 시작되어 교실에서 첫 만남을 가질 때까지 서로가 서로에 대해 전혀 알지 못합니다. 내가 1년 동안 담임을 맡아야 할 아이들이 누구인지, 어떤 선생님이 1년 동안 가르치고 보살펴주실 분인지 누구도 알지 못합니다. 그저 '보이지 않는 손'이 교사 명단에 있는 누군가를 한 명 선택하고, 또 학생 명단 중에서 필요한 만큼의 숫자를 묶어서, 몇 학년 몇 반의 담임선생님과 학생들로 지정할 뿐입니다. 현재 학교 시스템에서 이루어지는 사제관계는 이렇게 맺어집니다.

만일 어떤 사회에서 '보이지 않는 손'이 미혼 남성과 여성의 명단을 놓고 그중에서 순서대로 골라 짝을 지어준다면 어떨까요? 다들 끔찍한 일이라 생각할 것입니다. 상호 선택으로 스승과 제자의 관계를 맺었던 사람들 눈에 오늘날의 교육 시스템 역시 그와 별반 다르지 않게 보일 것입니다. 교사는 자신이 교육할 아이들을 파악하지 못한 채 떠맡게 되고, 학생들 역시 자신들의 의지와 무관하게 누군가에게 맡겨진 셈입니다. 이런 상황에서 교사와 학생이 서로에게 무관심하고 무책임하게 대하는 일이 벌어진다 한들 어찌 그들만 탓할 수 있겠습니까? 자신들의 의지와 무관하게 '보이지 않는 손'에 의해 부부로 맺어진 사람들이 온전한 부부로서의 삶을 일구지 못했다 하여 그들만을 비난할 수 있겠습니까? 그렇게 부부의 연을 맺은 사람들이 좋은 남편과 아내로서 사랑을 키워가고 책임을 다해간다면 그것이 신기하고 대단하다고 느껴질 겁니다. 마찬가지로 이런 상황 속에서도 학생들을 따뜻하게 품으려 애쓰는 교사와 그 가르침에 성실히 따르려는 학생들이 있다면 그것이 오히려 대견하고 놀라운 일이 아닐까요?

다양한 연령대가 함께
공부하면 좋은 점

스승과 제자의 관계에 이어서 동문 학우들 즉, 학도(學徒)들 간의 관계에서도 우리는 서당이 갖고 있는 몇 가지 소중한 가치를 발견할 수 있습니다. 서당에서 스승과 제자 사이 못지않게 중요한 관계가 바로 학도들 간의 관계입니다. 앞에서도 말씀 드렸듯이 서당의 인적 구성은 '계단 꼴'로 이루어져 있습니다. 서당의 학도가 10여 명이라면, 큰형부터 막내에 이르기까지 구성원의 연령이 한두 살 터울을 두고 이루어져 있다는 뜻입니다. '계단 꼴'로 구성된 학도들은 서로가 서로에게 다양하고 건강한 영향을 주고받으면서 생활하고 공부합니다. 제자는 스승에게 가르침을 받지만, 가르침을 받을 준비를 하고 배운 것을 익히고 축적하는 과정에서는 학도들로부터 많은 도움을 받습니다. 더구나 서당의 삶은 기본적으로 공동생활이기 때문에 이들과의 관계가 서당 생활의 중요한 축을 형성하고 있습니다.

서당의 공동생활을 통해 학도들은 더불어 사는 세상에서 갖추어야 할 덕목에 자연스럽게 눈을 뜹니다. 사회에는 다양한 사람들이 어울려 살기 마련입니다. 마음에 드는 사람이 있는가 하면 그렇지 않은 사람도 있고, 나를 좋아해주는 사람이 있는가 하면 나를 싫어하는 사람도 있습니다. 내 마음에 들고 나를 좋아해주는 사람들하고만 살 수 있다면 얼마나 좋겠습니까. 하지만 세상이란 내 마음에 들지 않고 나를 싫어하는 사람들과도 함께 어울려 살아야 합니다. 양보와 용서로 누군가를 보듬을 줄도 알아야 하고, 때로는 신념과 소신으로 자신의 뜻을 관철시킬 줄도 알아야 합니다. 말하자면, 더불어 사는 데 필요한 섬세한 결에 대한 공감 능력과 실천 의지가 있어야 한다는 것입니다.

그러나 공감 능력과 실천 의지는 나이가 든다고 저절로 형성되는 것이 아닙니다. 어려서부터 이를 가능케 하는 환경 속에서 가르침을 받으면서 차근차근 갖추어가게 되는 것입니다. 이때 가장 중요하게 생각해야 할 환경적 요소는 인간관계를 쉽게 생각할 수 없는 환경에서 생활하는 것입니다. 인간관계를 쉽게 생각할 수 없는 환경이란 인간관계가 내 맘대로 되는 것만은 아니라는 것을 느낄 수 있는 환경을 뜻합니다. 인간관계는, 하고 싶을 때 접속만 하면 언제든 가능하고, 싫증 나거나 불리하다 싶으면 곧장 끝내버릴 수 있는 컴퓨터 게임이 아닙니다. 컴퓨터 게임은 시작과 중단이 오로지 게임을 하는 사람에 맞추어진 일방적 성격을 갖고 있지만, 인간관계란 동등한 권리와 상이한 입장을 가진 주체들이 최대공약수를 찾아가는 쌍방적 성격을 갖습니다. 그러니 누군가와 더불어 함께 살기 위해서는 나와 그의 입장을 객관적으로 바라보고 함께 고려할 줄 아는 힘이 있어야 하는데, 이를 위해서는 어려서부터 그러한 환경에서 생활해보는 것이 중요합니다.

이런 점에서 보면, 매일 매일 한 방에서 함께 생활하고 공부해야 하는, 학년이 정해져 있지 않기 때문에 언제 끝날지도 모른 채 관계를 유지해야 하는 서당은 곰삭은 인간관계의 소중함을 직접 느낄 수 있는 중요한 환경을 제공해줍니다. 학교처럼 방과 후에 단절되었다가 이튿날 다시 시작되는 것이 아니라, 서당은 아침에 눈뜰 때부터 밤에 잠자리에 들 때까지 함께 생활하는 생활공동체이기 때문에 서로를 불신하거나 무시해서는 함께할 수 없다는 것을 잘 알게 됩니다. 또한 학교처럼 관계의 유효기간이 1년 단위로 정해져 있는 것이 아니라, 애당초 기한이 정해지지 않은 채로 관계를 맺기 때문에 적당한 위선이나 가식으로는 그 긴 시간을 배겨낼 수 없다는 것을 잘 압니다. 오로지 서로에 대한 믿음과 성실 그리고 인내와 존중이라는 효소로 관계를 숙성시켜 나갈 수 있다는 사실을, 그런 관계 속에서 생활할 때 서로가 편안하고 행복할 수 있다는 사실을 서당에서는 자연스럽게 체화하게 됩니다.

한편, 서당의 '계단 꼴' 구성은 사회적 역할을 입체적으로 경험해볼 수 있는 좋은 기회를 제공해줍니다. 사회구성원으로서 우리는 다양한 이름으로 다양한 위치에 놓이기 마련입니다. 자신이 속한 사회 안에서 맨 앞줄에 서야 하는 경우도 있고, 맨 뒤에서 따라가야 하는 경우도 있으며, 혹은 중간에서 허리 역할을 해야 하는 경우도 있습니다. 윗사람이라면 아랫사람들을 이끌어가는 책임감과 지도력을 갖추어야 할 것이고, 아랫사람으로서는 윗사람에 대한 마땅한 도리를 다할 줄 알아야 할 것입니다. 또한 중간자 입장이라면 윗사람과 아랫사람 사이에서 균형 잡힌 시각으로 소통을 매개하는 역할을 할 수 있어야 합니다.

이러한 자질과 소양은 저절로 습득되는 것일까요, 아니면 습득해야 하는 것일까요? 물론 어떤 사람의 경우에는 스스로 이러한 자질과 소양을 자연스럽게 습득하기도 합니다만, 대부분의 사람은 노력을 기울이지 않고서는 습득할 수 없습니다. 그렇다면 언제 어떻게 습득해야 할까요? 당연히 어린 시절부터 가정이나 학교에서 수없이 눈으로 보고 귀로 듣고 몸소 행함으로써 일상 속에서 배어들도록 해야만 습득할 수 있습니다. 어린 시절 윗사람으로서 어찌 처신해야 마땅한지, 아랫사람으로서 어찌해야 옳은지 한번도 보고 듣지 못했는데, 어른이 되어 사회에 나가는 날 갑자기 윗사람으로서의 자질과 아랫사람으로서의 도리를 갖추게 되리라 기대하기는 어렵습니다. 보고 듣는 것도 물론 중요하지만, 특히 중요한 것은 자신이 직접 아랫사람도 되어보고 윗사람도 되어보는 것입니다. 형도 되어보고 동생도 되어보고 중간도 되어봄으로써 마땅한 처신과 도리에 관해 보고 들었던 것들을 직접 체험하고 실제 느껴보는 것이 중요합니다.

서당의 '계단 꼴' 구성은 이러한 사회적 역할을 입체적으로 체험하고 체득하도록 해줍니다. 예컨대 이제 막 서당에 들어온 막내에게는 위에 층층으로 형들이 있습니다. 몇 년이 지나는 동안 위의 형들은 서당을 나가고 새로운 동생들이 들어옵니다. 또다시 몇 년이 지나고 나면 막내가 가장 나이 많은 형이 됩니다. 이렇게 시간을 보내는 동안 아랫사람, 중간사람, 윗사람의 자리를 차근차근 밟아가는 경험을 하게 되고, 이런 경험을 통해 각각의 위치에서 마땅한 처신과 도리를 배우게 되는 것입니다. 윗사람이 되어봐야 아랫사람이 어찌해야 하는지를 더 잘 알 수 있고, 아랫사람이 되어봐야 윗사람이 어찌해야 하는지를 잊지 않게 됩니다. 위도 아래도 아닌 중간에도 서 봐야 윗사람과 아랫사람 모두에 대해 치우치지 않는 균형 잡힌 안목을 갖게 됩니다.

이는 초등학교 1학년부터 고등학교 3학년까지 12년 동안을 줄곧 동년배 친구들하고만 학급을 이루어 공부하는 학교의 환경과는 근본적으로 다릅니다. 학교식 학급 환경에서 아이들은 한번도 윗사람이 되어본 적이 없고, 아랫사람이 되어본 적도 없으며, 위와 아래 사이에 서본 경험도 없습니다. 이러한 환경에서 아이들은 공부를 잘하는지 못하는지, 또는 싸움을 잘하는지 못하는지, 아니면 집안이 잘사는지 못사는지 같은 비본질적인 기준을 가지고 학급의 질서(혹은 서열)를 가르려 들 것입니다. 이러한 질서 기준은 아이들의 몸과 의식에 체화되어 사회에 나왔을 때도 이러한 기준에 따라 사람을 대할 공산이 큽니다. 원만한 인간관계를 이루려면 다양한 사람들과 관계를 맺는 것도 중요하고, 아울러 나 자신이 다양한 위치에 서보는 것도 중요합니다. 공부하는 과정에서부터 인간관계의 지혜를 습득하도록 하는 것이 서당의 '계단 꼴' 구성입니다.

서당의 '계단 꼴' 구성은 학도들 간의 상호보완적인 학습 체계를 자연스럽게 형성해내는 긍정적인 효과도 창출합니다. 학도들은 조그마한 서당 방에 연금촉슬(連襟促膝)이라 하여 옷깃을 서로 잇대고 무릎을 포개어 앉아 공부합니다. 학년이 따로 나누어져 있지 않은 서당 방에는 높은 글과 낮은 글이 한데 굴러다닙니다. 후배는 선배들이 읽고 토론하는 높은 글을 의미도 모른 채 주워들으면서 장래에 자신이 공부할 내용과 자연스레 친해지고, 선배는 후배들이 읽고 외우는 낮은 글을 봐주면서 의도하지 않은 반추(反芻)를 통해 예전에 배운 글을 충분히 소화하는 기회를 갖습니다.

또한 이곳에서는 잘 지어진 시와 그렇지 못한 시도 함께 돌려보고, 멋지게 쓴 글씨와 그렇지 못한 글씨도 함께 감상합니다. 이때 동생들은 형님들의 시와 글씨를 보면서 자연스럽게 개선점을 확인하게 되고, 형님들은 동생들의 시와 글씨를 보면서 현재의 수준에 안주해서는 안 된다는 긴장감을 갖게 됩니다. '계단 꼴' 구성으로 인해 그 조그만 방에는 과거에 배운 글과 오늘 배운 글 그리고 미래에 배울 글이 한데 뒤섞여 학도들로 하여금 충분히 그 속에서 유영(游泳)하도록 합니다. 또한 선배와 후배가 함께 공부함으로써 자연스러운 개선과 건강한 긴장을 통해 상호 성장하게 됩니다.

이러한 상호보완적 학습 관계는 동년배들끼리 한 학급을 이루고 그 안에서 우열을 다투는 장에서는 기대하기 어렵지 않을까 생각합니다. 왜냐하면 배움의 공간에서 자신보다 누군가가 더 나은 것을 보면서 자극을 받고 영향을 받는 것은 당연합니다. 하지만 그 누군가가 선배냐 친구냐에 따라 자극을 받고 영향을 받는 감정이나 입장은 같지 않을 것이기 때문입니다. 상대가 선배라면 '어떻게 하면 저렇게 잘할 수 있는지', '나는 어떤 점을 개선해야 하는지' 물을 수 있고 별 부담 없이 받아들일 것입니다. 하지만 상대가 친구라면 아무래도 묻기도 쉽지 않을 것이고 지적을 받아들이는 것도 여의치 않을 것입니다. 말하자면, 상대방의 훌륭한 점을 인정하는 것도, 자신의 부족한 점을 고백하는 것도, 상대가 선배라면 자연스럽겠지만 친구라면 그렇지 않을 수 있다는 것입니다. 그것은 어쩌면 동생을 대상으로 하는 것보다 더 어려운 일일지 모릅니다.

배움의 공간에서 잘하는 사람이 있고 못하는 사람이 있는 것은 당연하고 자연스러운 현상입니다. 문제는 배우는 사람들의 조건을 '학년'으로 동일화해버리면 그 잘하고 못함이 적나라하게 비교되고, 그러한 비교는 자연스러운 차이를 차등이라는 왜곡된 의미로 부각시킨다는 점입니다. 서당의 '계단 꼴' 구성은 선배와 후배를 함께 공부하게 함으로써 그들 사이에서 빚어지는 차이가 차등으로 왜곡되는 문제를 차단합니다. 더구나 자신의 부족한 점을 인지하고 개선할 수 있는 방법을 찾아야 한다고 할 때, 그것이 창피한 일이 아니라는 경험을 해본 사람이 더 잘할 수 있습니다. 즉, 선배들을 통해 자신의 문제를 확인하고 개선책을 받아들인 경험이 친구나 후배에게도 그렇게 할 수 있도록 추동할 것이라는 말입니다.

이와 관련하여 서당의 '계단 꼴' 구성이 보여주는 또 하나의 지혜는 나이와 수학능력 사이의 조화로운 공존 양상입니다. 나이 많은 형은 대체로 나이 어린 동생에 비해 수학능력이 뛰어납니다. 하지만 나이와 수학능력이 반드시 비례하지 않는 경우도 간혹 있습니다. 이 경우 자칫하면 수학능력이 떨어지는 선배는 나이를 내세워 후배를 억누르려 할 수 있고, 후배는 자신의 뛰어난 수학능력을 배경 삼아 선배를 업신여길 수 있습니다. 하지만 이러한 방식이 지혜롭지 못하다는 것은 너무나 자명합니다. 나이만을 내세우는 선배의 태도를 후배는 수긍하기 어려울 것이고, 수학능력을 배경 삼아 교만을 떠는 후배의 태도를 선배 역시 묵인하기 어려울 것이기 때문입니다.

그런데 서당에는 이들만 있는 것이 아닙니다. '계단 꼴'을 이루는 또 다른 사람들이 있습니다. 이 경우 특히 선배들이 중요한 역할을 합니다. 나이가 많아도 실력이 뛰어난 후배의 능력을 존중하는 것이 필요하다는 것을, 공부를 좀 잘한다고 해서 선배를 무시하는 교만이 얼마나 잘못된 것인지를 이야기해 줌으로써 상호 존중의 조화로운 공존으로 이끕니다. 형들이 이런 역할을 할 수 있는 것은 역시 어려서부터 그런 상황에 어떻게 대처해야 하는지 보고 들어 알고 있기 때문입니다. 이것이 이른바 '전통'입니다. '계단 꼴' 구성은 기본적으로 이런 전통의 축적과 전승을 가능하게 하는 구조입니다.

4장

가르친다는 것

'군사부일체'에 담긴
스승의 의미

전통적으로 스승은 아버지나 임금과 같은 반열에 있는 분으로 이해했습니다. 흔히 '군사부일체(君師父一體)'라는 말로 요약되는 이러한 이해는, 세상에 태어날 수 있게 해주신 아버지와 안정된 삶을 살아갈 수 있게 해주신 임금 그리고 사람다운 삶을 살 수 있도록 이끌어주신 스승은 우리 삶에서 동일한 비중으로 감사한 분들이라는 생각을 반영하고 있습니다. 이 말은 우리에게 매우 익숙합니다. 그러나 삶 속에 구현되지 않는 익숙함은 오히려 이 말에 깃든 진정한 가치에 소홀하게 만듭니다.

현재 우리가 '군사부일체'라는 말과 마주하게 되었을 때 갖게 되는 느낌은 대체로 부정적입니다. 신하에 대해, 제자에 대해, 자식에 대해 임금과 스승과 아버지의 권위를 강조 내지는 강요하기 위해 만들어낸 말이라 느끼기 때문입니다. 즉, 이 말에는 복종과 강요를 동반한 권위주의적인 냄새가 강하게 난다고 느낍니다. 그래서 우리는 이 말을 과거 봉건 질서 속에서나 들먹일 법한 낡은 관념체계의 산물로서, 오늘날과는 결코 공존할 수 없다고 치부해버립니다.

그러나 우리의 전통 속에는 우리가 알지 못하는 지혜가 스며 있는 경우가 많습니다. 그럼에도 불구하고 우리는 그것을 알아내고 이어갈 생각은커녕 필요 이상으로 부정적인 낙인을 찍곤 합니다. '군사부일체' 역시 그렇게 부정적으로만 볼 필요가 없는, 오히려 스승이라는 존재에 대한 옛사람들의 높은 이해를 살펴볼 수 있는 소중한 사고를 담고 있습니다. 이 말은 다음 이야기와 같은 생각을 바탕으로 하고 있습니다.

난공자(欒共子)가 말했다. "백성은 세 가지에 의해 살아가므로 세 분 섬기기를 똑같이 해야 한다. 아버지는 나를 태어나게 해주신 분이고, 스승은 나를 가르쳐주신 분이고, 임금은 나를 먹고살게 해주신 분이다. 아버지가 아니면 태어나지 못했을 것이고, 먹을 것이 아니면 장성하지 못했을 것이며, 가르침이 아니면 알지 못했을 것이니, 이는 모두 나를 살아가게 만든 것들이다. 그러므로 이분들을 똑같이 섬겨야 한다."*

이 이야기에서 우리가 주목해야 할 점은 군사부의 은혜가 우리 삶에서 갖는 의미의 성격입니다. 즉, 아버지가 아니었다면 우리는 이 땅에 존재 자체가 불가능했을 것입니다. 태어났더라도 임금이 아니었다면 지금껏 살 수 없었을 것입니다. 왜냐하면 우리가 지금껏 먹고 입고 쓰면서 살아온 모든 것은 이 땅에서 생산된 것인데, 이 땅은 임금의 땅이기 때문입니다. 그러니까 아버지와 임금이 계셨기에 우리가 태어나 지금껏 살 수 있었다는 말입니다.

'군사부일체'라는 말에서 핵심은 스승의 가르침이 우리 삶에서 어떤 의미로 이해되어야 하는가 하는 점입니다. 난공자는 '스승은 나를 가르쳐주신 분'이고, '그 가르침이 아니었다면 우리는 알지 못했을 것'이라고 말했습니다. 이 대목에서 우리는 다음과 같은 물음을 제기할 수 있습니다. '스승의 가르침을 통해 알게 된 것이 우리 삶에서 어떤 의미를 갖는가? 즉, 알게 된다는 것이 태어나게 된 것이나 죽지 않고 사

---

* 《소학(小學)》〈계고(稽古)〉: 欒共子曰: "民生於三, 事之如一. 父生之, 師教之, 君食之. 非父不生, 非食不長, 非教不知, 生之族也, 故一事之."

는 것만큼의 의미를 갖는다는 말인가?' 여기에서 말하는 가
르침을 통해 얻게 된 앎이 직업교육을 통한 기술 습득과 같
은 것을 말하는 것은 아닐 겁니다. 그렇다면 그 앎은 무엇에
관한 앎이고, 그러한 앎이 어떤 점에서 중요한 의미를 갖는
다는 말인가? 그것을 이해하기 위해서는 다시 다음 이야기를
참고할 필요가 있습니다.

> 스승은 도를 전수하고[傳道], 학업을 제공하며[授業], 미혹
> 을 풀어주는[解惑] 분이다. … 나보다 먼저 태어났다면 도
> 를 들음이 분명 나보다 앞설 것이니 나는 그를 좇아 스승
> 으로 삼을 것이다. 나보다 나중에 태어났더라도 도를 들
> 음이 또한 나보다 앞선다면 나는 그를 좇아 스승으로 삼
> 을 것이다. 나는 도를 스승으로 삼는 것이니, 어찌 태어난
> 해가 나보다 먼저인지 나중인지를 아랑곳하겠는가? 이런
> 까닭에 지위의 귀천도 없고 나이의 많고 적음도 없다. 도
> 가 있는 곳이 스승이 계신 곳이다.[*]

이 글을 쓴 한유(韓愈: 768-824)는 스승의 역할을 도를 전수

---

[*] 한유(韓愈),〈사설(師說)〉: 師所以傳道 受業 解惑也. … 生乎吾前, 其聞道也, 固先乎吾,
吾從而師之. 生乎吾後, 其聞道也, 亦先乎吾, 吾從而師之. 吾師道也, 夫庸知其年之先後
生於吾乎? 是故, 無貴無賤, 無長無少, 道之所存, 師之所存也.

하는 '전도(傳道)', 학업을 제공하는 '수업(授業)', 미혹을 풀어주는 '해혹(解惑)'이 세 가지로 정의합니다. 이어지는 언급에 비추어보면 한유가 가장 중요하게 생각한 것은 세 가지 중에서도 도를 전수하는 전도(傳道)임을 알 수 있습니다. 즉, 학업을 제공하는 것도 결국은 도를 전수하기 위해 필요했던 것이고, 미혹을 풀어주는 것도 도를 전수하는 과정에서 생기는 미혹을 해소하는 것이라 할 수 있습니다. 그렇다면 스승이 가르침을 통해 제자에게 알게 하고자 하는 것은 도(道)라고 할 수 있겠습니다.

옛사람들은 사람의 모습을 하고 있다고 해서 다 같은 사람이라고 생각하지 않았고, 우리가 사는 세상 역시 다 같은 세상이라 여기지 않았습니다. 사람도 사람다울 때 사람인 것이고, 세상도 세상다울 때 세상이라 보았습니다. '~다움'의 내용에 해당하는 것이 말하자면 '도'라고 할 수 있습니다. 그렇다면 인간 존재로서 나에게 '도'는 무엇보다 절실한 것입니다. '도'를 알고 '도'를 실천할 때 비로소 나는 진정한 사람이 된다고 보기 때문입니다. 이처럼 소중한 '도'를 내게 전해줄 수 있는 분을 나는 스승으로 모시는 것입니다.

누군가가 누군가의 스승이 된다는 것은 그가 '누구'여서가 아니라, 오로지 그 '도'를 담지하고 있기 때문입니다. 그분은 내가 알아야 하고 실천해야 할 '도'를 나보다 먼저 들어 알고 있는 분이며, 그 '도'를 내게 전해줄 수 있는 분입니다. 누군가가 또 다른 누구보다 인간 존재로서 먼저 태어났다면 당연히 '도'를 먼저 알아야 하고, 그것을 뒤에 태어난 사람에게 전해주어야 할 의무가 있다고 본 것입니다. 스승의 또 다른 이름이 '선생(先生)'인 이유가 여기에 있습니다. 하지만 먼저 태어났다고 반드시 먼저 '도'를 들어 알라는 법은 없으며, 나중에 태어났더라도 먼저 들어 알 가능성도 얼마든지 있습니다. 여기에서 한유는 전통사회에서 사회적 질서의 절대기준으로 여겼던 나이와 지위조차 누군가를 스승으로 선택하는 문제 앞에서는 전혀 고려 사항이 되지 못한다고 선언함으로써 '도'를 전해주는 스승의 역할이 얼마나 소중하고 감사한 것인지를 명확히 합니다.

그렇다면 우리의 관심은 자연스럽게 '도(道)란 무엇인가'로 귀결됩니다. 그것이 무엇이기에 그것을 전해주기만 하면 나는 그분 앞에서 나이도 지위도 불문에 붙여야 한다고 보았을까? '도(道)'라는 글자는 원래 걸어 다니는 '길'을 표시하기 위해 만들어진 글자입니다. 그런데 왜 동양에서는 사람이나 세상이 지향하고 추구해야 하는 어떤 것을 '도(道)'라는 글자에 담으려 했을까요? 그들이 말하고자 하는 '도'가 사람들이 걸어 다니는 '길'과 매우 유사한 성질을 갖는다고 보았기 때문입니다. 그렇다면 우리는 '길'이 갖는 다음과 같은 특성을 살펴봄으로써 스승이 도를 전해주는 것이 어떤 점에서 중요한 것인지 가늠해볼 수 있습니다.

우선 '길'에는 '어디로' 갈 것인가에 관한 고민이 담겨 있습니다. 우리가 대전에 있다고 가정해보겠습니다. 대전에서는 서울로도 갈 수 있고, 부산으로도 갈 수 있고, 광주로도 갈 수 있습니다. 동해로도 갈 수 있는가 하면, 서해로도 갈 수 있습니다. 그 모든 곳으로 길은 나 있습니다. 그러나 그것은 아직 '길'이 아닙니다. '길'이란 내가 걸어갈 때 비로소 길입니다. 그런데 내가 걸어갈 '길'은 오직 하나뿐입니다. 나는 결코 두 개 이상의 길을 동시에 걸어갈 수 없습니다. 그렇기 때문에 어떤 길을 걸어갈 것인지 고민하고 선택해야 합니다. '길'을 선택한다는 것은 곧 목적지를 선택하는 것입니다. 어떤 곳을 목적지로 선택한다는 것은 그 밖의 다른 곳은 버린다는 뜻입니다. 선택이 어려운 이유는 어떤 곳을 고르기 어려워서가 아니라, 어쩌면 그 밖의 것들을 버려야 하기 때문일 것입니다. 잘 고르고 잘 버리려면 선택하기 전에 먼저 그것들이 가지고 있는 가치를 잘 판단할 줄 알아야 합니다. 서울에 갔을 때 기대되는 결과와 부산에 갔을 때 기대되는 결과 그리고 그 밖의 다른 곳으로 갔을 때 기대되는 결과를 놓고 어디를 갔을 때 더 나은 결과를 얻을 것인지 잘 판단해야 합니다. 그러자면, 결과의 가치를 따져볼 기준이 나에게 분명하게 정립되어 있어야 합니다. 즉, 분명한 가치 기준에 따라 다양한 길을 따져보고 나에게 가장 합당한 길을 선택했을 때 비로소 하나의 길이 나의 길이 되는 것입니다.

다음으로 '길'에는 '어떻게' 갈 것인지에 대한 고민도 담겨 있습니다. 이 세상에 존재하는 그 어떤 길도 직선인 길은 존재하지 않습니다. 부분적으로 직선인 구간은 있을 수 있지만, 출발지에서부터 목적지까지가 온전히 직선으로만 되어 있는 길은 없습니다. 모든 길은 멀리 돌아가도록 꾸불꾸불 휘어져 있습니다. 휘어져 있으니 직선으로 갈 때보다 거리는 늘어나고, 길을 가는 데 드는 시간도 더 듭니다. 이렇게 거리가 늘어나고 시간이 더 드는데도 불구하고 왜 길은 직선으로 나 있지 않고 휘어져 있을까요? '길'은 빨리 가는 것보다 안전하고 정확하게 가는 것을 더 본질로 하기 때문입니다. 더욱 중요한 것은 '길'은 가장 많은 사람이 갈 수 있는 형태로 이루어진다는 사실입니다. 예컨대, 높은 산 정상을 오르는 가파른 길이 직선으로 나 있다면 거리는 짧겠지만 전문 등반가밖에는 가지 못할 것입니다. 하지만 지그재그로 길이 나 있다면 직선일 때보다 거리는 늘어나겠지만 경사도가 완만해져서 많은 사람이 산 정상에 오를 수 있을 것입니다. 길은 항상 그런 형태로 그렇게 나 있습니다. 소수의 사람만이 목적지에 빨리 도착하는 방식이 아니라, 더디더라도 가능한 많은 사람이 함께 갈 수 있는 방식이 길이 존재하는 방식입니다.

스승이 '도'를 전해준다는 것이 의미하는 바는, 아직 어떤 삶을 살 것인지 결정하기 전의 어린이나 젊은이에게 삶에서 소중히 여겨야 할 가치가 무엇인지를 일깨워주는 것입니다. 삶의 목표를 어느 방향으로 설정했을 때 가치 있는 삶을 살 수 있는지, 우리 사회는 어떤 방향으로 나아갈 때 바람직한지 가치 기준을 정립시켜 주는 것입니다. 아울러 그렇게 설정된 목표는 어떤 방법으로 달성되어야 하는지에 대해서도 일깨워주는 것입니다. 인생의 목표를 설정하는 것도 중요하지만 목표를 달성하는 방법과 과정도 매우 중요합니다. 빨리만 달성하는 것이 능사가 아니라, 많은 사람이 동의할 수 있는 방식과 동행해도 좋을 방식으로 목표가 달성되어야 합니다. 공자는 다음과 같이 말했습니다.

공자(孔子)께서 말씀하셨다. "아침에 도(道)를 들었다면 저녁에 죽는다 해도 괜찮다."[*]

아침에 기껏 '도'를 들었는데 몇 시간을 살지 못하고 저녁에 죽는다면, 그것이 왜 괜찮은 것일까요? 공자는 이 말을 통

---

[*] 《논어(論語)》〈이인(里仁)〉: 子曰: "朝聞道, 夕死, 可矣."

해 우리에게 어떤 의미를 일깨워주려 했을까요? 이 말의 뜻을 온전히 이해하려면 이 말 속에 숨어 있는 다른 면을 들여다볼 수 있어야 합니다. 이 말의 이면에는 "만일 '도'를 듣지 못한다면 백 년을 산다 해도 괜찮지 않다"라는 의미가 놓여 있습니다. 우리 삶은 얼마나 오래 사느냐 하는 시간의 양으로 평가되는 것이 아니라, 얼마나 질적으로 고양된 삶을 사느냐로 평가된다는 뜻입니다. 목숨이 붙어 있어서 살아가는 백 년보다, 내가 왜 사는지 무엇을 위해 어떻게 살아갈 것인지를 알고 사는 삶이 진정 의미 있는 삶이라는 뜻입니다. 공자가 아침에 듣고 저녁에 죽는다는 극단적인 예를 든 까닭이 여기에 있습니다.

스승은 우리에게 '도'를 전수해주는 분이며, 스승의 가르침을 통해 알게 되는 내용이 바로 '도'입니다. 스승으로 인해 '도'를 전수받음으로써 우리는 진정한 인간으로 거듭 태어날 수 있게 됩니다. '군사부일체'는 무조건적인 복종을 강요하기 위해 만들어진 권위주의적인 표어가 아닙니다. 그 말에는 자신의 삶에 있어서 스승으로부터 받는 가르침의 의미를 부모로부터 생명을 부여받는 것만큼이나 소중하게 보려는 인생관이 들어 있습니다. 그러한 생각에는 인간이라는 존재와 삶에 대한 깊은 통찰이 온축되어 있지 않고는 불가능한 지혜가 스며 있습니다.

스승에게는 대듦도 없고
은근함도 없다

여기에서 우리가 한 가지 더 주목해야 할 것은, 동양의 전통에서는 이처럼 '군사부일체'라 하여 스승을 아버지나 임금과 같은 반열에서 존중하였으면서도, 동시에 스승은 아버지나 임금과는 근본적으로 다른 측면이 있다고 보았다는 점입니다. 세 분의 은혜를 생각하면 더할 것도 덜할 것도 없이 감사하고, 따라서 똑같이 섬겨야 한다고 봅니다. 하지만 세 분 사이에는 분명 차이도 존재하기 때문에 구체적인 부분에 들어가면 섬기는 방식이 다르지 않을 수 없습니다. 《예기(禮記)》에서는 이를 다음과 같이 언급하고 있습니다.

어버이를 섬길 때는 은근함은 있지만 대듦은 없다. … 임
금을 섬길 때는 대듦은 있지만 은근함은 없다. … 스승을
섬길 때는 대듦도 없고 은근함도 없다.【《예기》〈단궁〉】[*]

《예기》의 이 이야기는 자식이나 신하 또는 제자가 어버이나
임금 그리고 스승에게 간(諫)하는 방식이 어떠해야 하는지를
제시하는 대목입니다. 간(諫)이란 아랫사람이 윗사람의 잘못된
점에 대해 지적하고 바른 길로 인도하기 위해 말하는 것을 가
리킵니다. 어버이와 임금과 스승에게 간하는 방식이 다르다는
것을 통해, 아버지와 임금과 스승을 똑같이 섬기라고 했지만
그 구체적인 방식은 다르다는 것을 알 수 있습니다. 더욱 중요
한 점은 우리가 이 이야기에서 스승이 아버지나 임금과 어떻
게 다르게 인식되고 있는지를 확인할 수 있다는 것입니다.

　먼저 어버이와 임금에게 간하는 방식부터 비교해보겠습니
다. 어버이나 임금도 완벽한 사람이 아닌 이상 과오를 범할
수 있습니다. 이 경우 과오를 바로잡아 개선토록 하는 것은
자식과 신하에게 요구되는 중요한 책무입니다. 즉, 자식과
신하는 어버이와 임금이 잘못을 범했을 경우 이를 정확하게
지적하고 바람직한 방향으로 나아갈 수 있도록 간해야 합니

---

[*] 《예기(禮記)》〈단궁(檀弓)〉: "事親, 有隱而無犯. … 事君, 有犯而無隱. … 事師, 無犯無隱."

다. 《예기》에 따르면 자식이 어버이에게 간하는 방식과 신하가 임금에게 간하는 방식에는 차이가 있습니다. 이런 차이가 나는 이유는 어버이와 자식은 혈연으로 맺어진 관계로 자의적 파기가 불가능한 '천륜(天倫)' 관계인 데 비해, 임금과 신하의 관계는 예의와 충성이라는 상호 의무의 이행을 다짐한 계약 관계라는 데서 오는 것입니다.[*]

자식은 어버이의 과오를 개선토록 해야 하는 책임과 더불어 천륜 관계를 손상해서는 안 되는 절대적 당위를 함께 고려해야 합니다. 자식은 어버이에게 간할 때 "기운을 낮추고, 낯빛을 기쁘게 한 다음, 목소리를 부드럽게 하여 간하고, 간언이 받아들여지지 않을 경우 공경과 효도를 극진히 해서 어버이의 기분이 좋아지신 다음 다시 그렇게 간하라"라고 합니다.[**] 이것이 '은근함은 있지만 대듦은 없다'는 말이 의미하는 바입니다. 어버이의 허물을 바로잡으려다가 간하는 방식이 잘못되어서 어버이와 자식의 관계가 망가지게 해서는 안 됩니다. 어버이와 자식 사이에 가장 중요한 것은 서로 친애하는 것이기 때문입니다[부자유친(父子有親)].

이에 비해, '임금은 예의로 대우하고 신하는 충성으로 보

---

[*] 《사기(史記)》〈송미자세가(宋微子世家)〉: 微子曰: "父子有骨肉, 而臣主以義屬."
[**] 《예기(禮記)》〈내칙(內則)〉: "父母有過, 下氣怡色, 柔聲以諫 諫若不入, 起敬起孝, 說則復諫"

답하는'* 쌍무적 관계이며 따라서 신하는 임금을 올바른 길로 인도하는 것을 지상의 책무로 삼습니다. 임금이 허물을 저질렀음에도 불구하고 직언을 했다가는 미움이라도 살까 두려워 '임금의 비위나 맞추려는 아첨'**을 하거나 결과적으로 간함을 회피함으로써 '자신의 이익만 생각하는 짓'***을 해서는 안 됩니다. 신하는 임금의 잘못에 대해 과감하게 직언할 수 있어야 하며, 끝내 자신의 간언이 받아들여지지 않을 때는 과감하게 모든 것을 버리고 떠날 수 있어야 합니다.**** 이것이 '과감하게 대듦은 있지만 은근함은 없다'라는 말이 의미하는 바입니다.

특이한 것은 스승에 대하여 제자는 '대듦도 없고 은근함도 없다'라고 말한 대목입니다. 스승에게 허물이 있을 때 제자는 어떤 방식으로 간하라는 것일까요? 이 말이 의미하는 바를 이해하는 실마리는 '스승은 선택을 통해 맺어진 관계'라는 데서 찾을 수 있습니다. 선택이 의미하는 바는, 제자의

---

* 《논어(論語)》〈팔일(八佾)〉: 定公問: "君使臣, 臣事君, 如之何?" 孔子對曰: "君使臣以禮, 臣事君以忠."
** 《맹자(孟子)》〈진심상(盡心上)〉: 孟子曰: "有事君人者, 事是君則爲容悅者也." 이 글에 대해 주자(朱子)는 《孟子集註》에서 다음과 같이 해석합니다. "阿徇以爲容, 逢迎以爲悅, 此鄙夫之事."
*** 《예기(禮記)》〈표기(表記)〉: "近而不諫, 則尸利也."
**** 《예기(禮記)》〈곡례하(曲禮下)〉: "三諫而不聽, 則逃之."

눈에도 허물로 인지될 짓을 범할 사람이라면 애당초 스승으로 선택되지 않았을 것이라는 뜻입니다. 혹여 스승의 행동이 제자의 눈에 잘못으로 인지되는 경우가 있다 하더라도, 제자는 자신의 생각에 따라 섣불리 간하려 들기보다는 스승의 의도를 묻는 편이 옳습니다. 왜냐하면 스승의 본의를 제자의 짧은 소견으로 온전히 이해하지 못할 우려가 있기 때문입니다. 따라서 '대듦도 없고 은근함도 없다'라는 말은 결국 간할 일이 없다는 뜻이며, 따라서 간하는 태도 자체를 논할 필요가 없다는 것으로 이해할 수 있습니다.* 이를 통해 우리는 '군사부일체'라고 했지만, 그 내면을 들여다보면 스승에 대한 전통적 이해가 얼마나 절대적인 신뢰와 존중에 기반하고 있었는지를 거듭 확인하게 됩니다.

---

* 아무리 스승이라 해도 완벽할 수는 없기 때문에 허물을 저지를 가능성은 얼마든지 있습니다. 그럴 때 제자는 어찌해야 할까요?《예기》가 말하고자 하는 바에 따르면, 그런 경우에는 더 이상 사제의 관계를 지속할 이유가 없다고 보아야 합니다. 왜냐하면 스승은 온전히 믿고 따를 수 있는 분이어야 하며, 제자가 바른길로 인도해야 할 대상은 아니기 때문입니다. 그래서 스승 역시 자신이 더 이상 제자의 본이 될 수 없다고 판단되면 더 나은 스승을 찾아갈 것을 권하는 것입니다. "그만 하산하거라"라는 말이 이를 잘 보여줍니다. 스승을 선택한다는 것의 또 다른 의미는 더 나은 스승을 바꿔 선택할 수 있다는 뜻입니다. 어버이나 임금은 바꿀 수 없지만, 스승은 얼마든지 바꿀 수 있습니다. 바꿀 수 없는 관계에서는 간함을 통해 개선을 위한 노력을 기울일 필요가 있겠지만, 바꾸는 것이 허용되는 관계에서는 굳이 그럴 이유가 없는 것입니다. 따라서 스승으로 모시는 동안에 제자는 어떤 경우에서든 간할 이유가 없습니다.

스승이 갖추어야 하는
조건

'군사부일체'에 담긴 이와 같은 이해는 스승의 역할에 대한 기대치와 감사의 마음을 보여줍니다. 하지만 정작 스승은 자신에 대해 그렇게 이해하지 않습니다. 사람들이 스승에게 '도'를 전해줄 것을 기대하고 그 역할을 담당해주심에 감사하는 마음을 갖는 것은 당연합니다만, 스승 입장에서는 자신도 '도'를 완벽하게 안다고 장담할 수 없기 때문입니다. 스승은 오히려 이처럼 부족한 자신이 누군가에게 '도'를 전해주어야 한다는 사실이 고민스러울 뿐입니다.

이 상황을 예를 들어 설명하자면 이렇습니다. 사막 한가운데 서 있다고 가정해봅니다. 목이 말라 오아시스를 찾아가야 합니다. 하지만 사방이 모래언덕뿐인 곳에서 어디로 가야 오아시스를 만날 수 있는지 알지 못합니다. 만일 이 사막에서 어떤 방향으로 발자국이 나 있는 것을 발견하게 된다면 어떨까요? 물론 그 발자국이 오아시스를 향해 나 있다는 보장은 없습니다. 그럼에도 불구하고 발자국 하나 없는 막막함보다는, 설령 그것이 오아시스가 아닌 방향으로 나 있다 하더라도, 있는 편이 없는 편보다 낫다고 느끼게 됩니다. 그것은 혼자가 아니라 의지할 누군가가 있다는 것에서 얻게 되는 존재론적 안도감입니다.

정작 발자국을 남기며 앞장서 가는 사람은 이 상황을 어떻게 받아들일까요? '내가 혹시 잘못된 길로 가더라도, 뒤따라오는 그대들은 앞장서 가는 내가 있다는 것만으로도 감사하게 생각하라' 하고 여길까요? 아닐 겁니다. 오히려 훨씬 더 고민스럽게 발걸음을 내딛을 것입니다. 왜냐하면, 아무도 뒤따라오는 사람이 없다면 잘못된 길을 가서 잘못되더라도 나 혼자 잘못되고 말 테지만, 뒤따라오는 사람이 있다면 그들조차 잘못될 수 있기 때문입니다. 그러므로 그는 뒤따라오는 사람들의 감사를 느긋하게 받을 여유보다는 자신이 내딛는 발걸음이 혹시라도 잘못된 길로 이끌지는 않을까 살피면서 신중을 기하기에 여념이 없을 겁니다.

우리에게 스승은 몇 걸음 앞서 발자국을 남기며 가는 그런

분입니다. 스승의 가르침은 물론 완전하거나 완벽하지 않을 수 있습니다. 그러나 우리가 알아야 하고 걸어가야 할 '길(도)'을 우리 스스로 찾아야 한다면 얼마나 막막하겠습니까? 그에 비해 안내해줄 스승이 있다면 그것만으로도 커다란 위안일 것입니다. 하지만 스승 자신은 그렇게 생각할 수 없습니다. 왜냐하면 스승은 스승이기 이전에 아직 완전하지 못한 한 사람이기 때문입니다. 그 역시도 자신이 알아야 하고 가야 하는 '길(도)'을 찾아내야 하는 사람일 뿐입니다. 후생을 위해 누군가는 선생으로서 역할을 해야 하기 때문에 스승이 되기는 하였으나 그는 결코 군사부일체에서 말하는 '스승'을 자임할 수 없습니다.

애초에 오아시스가 있는 곳을 정확하게 아는 누군가가 있고, 그의 뒤를 많은 사람이 따라간다면 가장 이상적일 것입니다. 마찬가지로 '도'를 분명하게 깨달아 알고 있는 누군가가 스승이 되고, 많은 사람이 그를 스승으로 모시고 따르는 것이 최선일 것입니다. 하지만 이런 조건을 충족시키는 스승이 인류 역사상 몇이나 되겠습니까? 대부분의 스승은 '도'를 분명히 깨달아 알아서 스승이 된 것이 아니라, '없는 편보다는 있는 편이 낫기' 때문에 스승의 역할을 하는 것일 뿐입니다. 그렇기 때문에 스승은 스스로 '스승'이라고 자임하지 못하는 것입니다. 그렇다고 '스승'으로서의 책임조차 나 몰라라 할 수는 없습니다. 스승 자신은 스스로를 '스승'으로 자임하지 않는다 하더라도, 사람들은 그에게 '스승'을 기대하면서 감사를 표할 것이기 때문입니다. 모든 스승에게 이 간극은 매우 고민스러운 부분이 아닐 수 없었습니다. 이 문제와 관련하여 공자가 제시해주는 답에 귀 기울일 필요가 있습니다. 공자는 다음과 같이 말합니다.

공자(孔子)께서 말씀하셨다. "옛것을 따뜻이 하고 새로운 것을 알아간다면 스승이 될 만하다."[*]

"옛것을 따뜻이 하고 새로운 것을 알아간다"는 말의 한자어는 '온고이지신(溫故而知新)'입니다. 그런데 공자가 '온고이지신'이라는 말을 사용한 본래 맥락과 우리가 이 말을 사용하는 맥락에는 차이가 있습니다. '온고이지신'이라고 하면 우리는 으레 전통과 현대, 과거와 현재의 퓨전(fusion) 같은 것을 떠올립니다. 하지만 공자는 '누가 스승이 될 만한가?'라는 문제의식에서 '온고이지신'이라는 말을 했습니다. 물론 어떤 용어나 개념은 끊임없이 재해석될 수 있습니다. 그러한 재해석이 설령 본의와 무관한 차원에서 진행된다 해도 '틀렸

---

[*] 《논어(論語)》〈위정(爲政)〉: 子曰: "溫故而知新, 可以爲師矣."

다'라고 말할 수는 없습니다. 그럼에도 불구하고 해당 용어
나 개념이 처음 제시되었을 때 어떤 의미맥락에서 제시되었
는지에 대해서는 알 필요가 있습니다.

'스승'이라는 주제와 관련하여 공자가 '온고이지신'을 이
야기했을 때 그 의미맥락은 어떤 것이었을까요? 우선, '온고
이지신'이라고 할 때 '고(故: 옛것)'와 '신(新: 새로운 것)'이 의미
하는 바부터 살펴볼 필요가 있습니다. 옛것[故]과 새로운 것
[新]은 과거[또는 옛날: 古]와 현재[또는 오늘: 今]가 지시하는 것처
럼 시간상의 분절된 두 시점을 의미하는 것이 아니라, 어떤
것의 변화 이전(before)과 변화 이후(after)를 나타내는 것으로
볼 수 있습니다. 예컨대, 물을 가득 부은 솥에 사골을 넣고 여
러 시간 불을 지펴 고는 상황을 가정해보지요. 처음 솥 안에
는 물과 사골이 별개인 채로 담겨 있었을 겁니다. 몇 시간 동
안 열을 가해 고면 사골국물이 뿌옇게 우러날 것입니다. 사
골국물이 뿌옇게 우러난 상태에서 물과 사골이 별개인 채로
담겨 있던 상태를 일컫는 말이 '옛것'(변화 이전)이고, 사골국
물이 뿌옇게 우러난 상태를 일컫는 말이 '새로운 것'(변화 이
후)입니다.

다음은 '따뜻이 하다'[溫]와 '알다'[知]가 의미하는 바를 살
펴볼 차례입니다. 먼저 '따뜻이 하다'라는 말은 식지 않도록
적정한 열을 지속적으로 가하는 것을 뜻합니다. 그래서 '따

뜻이 하다'로 해석된 '온(溫)' 자는 '데우다'로 해석되기도 합니다. 그런데 '따뜻이 하다'라는 표현이 갖는 맥락상의 의미는 '지속적으로 열을 가하다'이고, 그것은 곧 변화를 가능케 하는 동력을 뜻합니다. 즉, "옛것을 따뜻이 하다"(溫故)라는 말은 변화 이전의 상태에 있던 어떤 것에 지속적으로 열을 가함으로써 변화할 수 있도록 동력을 제공한다는 뜻입니다. 그렇다면 '온고이지신'에서 말하는 변화는 무슨 의미일까요? 그 답은 '알다'(知)가 갖고 있습니다. 우리는 '알다'라는 말을 통해 '온고이지신'에서 말하는 변화가 지적 변화라는 것을 알아차릴 수 있습니다. 따라서 '온고이지신'이란 지적 변화를 위해 지속적인 노력을 기울임으로써 새로운 지적 지평을 확보하는 것을 뜻한다고 정리할 수 있습니다.

'온고이지신'이 이런 의미를 갖는다고 할 때, 이것이 어떤 이유에서 '스승이 될 만하다'의 조건으로 제시되었는가에 대해 살펴봐야 합니다. 그 이유에 대해서는 이해를 돕기 위해 다시 사막을 비유로 들어 설명해보겠습니다. 막막한 사막에서 오아시스를 찾고자 하는 우리에게 최고의 안내자는 오아시스의 소재를 알고 있는 사람일 것입니다. 하지만 그런 사람이 없을 경우 어떤 사람이 안내자가 되면 좋을까요? 그 사람은 오아시스가 어디쯤 있다고 짐작했던 처음의 생각을 고수하는 사람이 아니라, 한 걸음 두 걸음 내딛을 때마다 자신의 생각이 맞는지 검토하고 더 나은 길은 없는지 연구하는 사람이어야 할 것입니다. 마찬가지로 '도'를 깨달아 안 사람이 스승이 되면 가장 좋겠지만, 그렇지 못할 경우 어떤 사람이 스승이 될 만할까요? 당연히 자신이 지금 알고 있고 옳다고 믿는 것을 고수하는 사람이 아니라, 끊임없이 배움의 온도를 유지함으로써 자신의 오류를 찾아내고 더 나은 지적 지평을 확보해가는 사람이어야 할 것입니다. 즉, 완벽하지 않은 누군가가 스승이 되어야 한다면, 반드시 끊임없는 배움의 열정을 갖고 자기 양성을 할 줄 아는 사람이어야 한다는 것이 공자가 '온고이지신'을 스승의 조건으로 이야기한 이유입니다.

공자와 퇴계가 보여준
스승의 삶

동서고금을 통해 훌륭한 스승이 어디 한두 분이었겠습니까?
동양의 전통에서만 살펴봐도 훌륭한 스승은 헤아릴 수 없을
정도로 많습니다. 그렇다면 공자와 퇴계만을 대표적인 '스
승'으로 선정해 살펴보는 것은 지극히 작은 접근에 불과합
니다. 더구나 공자와 퇴계가 보여준 스승으로서의 면모를
샅샅이 살피지도 못할 형편이라면 더욱 그렇다 할 것입니
다. 그럼에도 불구하고 우리는 공자와 퇴계를 통해 바람직
한 '스승' 상의 전형을 확인할 수 있습니다. 특히 자기 양성
을 통한 끊임없는 성장이 스승으로서 지녀야 할 핵심적인
요체라는 사실을 공자와 퇴계를 통해 분명하게 확인할 수

있을 것입니다.

공자, 평생 배움의 열정을 놓지 않은 스승

먼저 공자부터 살펴보도록 하겠습니다. 《논어》에 수록된
다음 이야기를 보겠습니다.

섭공(葉公)이 자로(子路)에게 공자(孔子)에 대해 물었는데,
자로가 대답하지 못했다. 나중에 이 이야기를 전해 들은
공자께서 자로에게 말씀하셨다. "너는 어찌하여 '그분은
(모르는 것이 있으면) 분을 내어 밥 먹는 것도 잊고, (그것을
깨닫고 나면) 즐거워 모든 근심을 잊으셔서, 늙음이 장차
이르러 오는 줄도 모르는 분'이라고 말하지 않았느냐?"[*]

이 이야기를 이해하기 위해서는 공자의 제자인 자로라는
인물에 대해 간단하게나마 알고 있어야 합니다. 자로의 성명
은 중유(仲由)이고, 자로는 그의 자(字)[**]입니다. 사마천(司馬遷:

---

[*] 《논어(論語)》〈술이(述而)〉: 葉公問孔子於子路, 子路不對. 子曰: "女奚不曰: '其爲人
也, 發憤忘食, 樂以忘憂, 不知老之將至'云爾?'"
[**] 전통사회에서 한 사람은 시기별로 여러 이름을 갖게 됩니다. 우선 태어나면 주어지는
이름이 있습니다. 그것을 명(名)이라고 합니다. 다음으로 성인이 되면 관례를 치르게
되는데 그때 새로운 이름이 부여됩니다. 그것이 자(字)입니다. 성인이 되는 관례를 치
르면서 '자'라는 새로운 이름을 주어 불렀던 이유는, 이제 어른이 되었으므로 어린이

BC135-BC86)의 《사기》에 따르면 공자에게는 약 3천 명의 제자가 있었다고 합니다. 그 수많은 제자 중에는 공자를 일찍부터 스승으로 모셨던 초기 제자들이 있는가 하면, 공자 만년에 비로소 문하에 들어온 후기 제자들도 포함되어 있습니다. 공자보다 아홉 살이 아래였던 자로는 일찍부터 공자를 스승으로 모신 초기 제자였으며, 3천 명 제자 중 가장 선배 축에 드는 인물입니다. 게다가 자로는 공자보다 한 해 먼저 세상을 떠났습니다. 이러한 정황으로 미루어볼 때, 자로는 공자와 가장 많은 시간을 함께 보낸 제자임이 분명합니다. 그러니 스승 공자에 대해 자로만큼 속속들이 아는 제자도 없었을 것입니다.

섭공*이 공자의 수많은 제자 중에서 자로에게 스승 공자에 대해 물은 것은 이런 정황 때문이었을 겁니다. 그런데 정작 자로는 섭공의 질문을 받고 대답을 하지 못했습니다. 자

였을 때 불렀던 이름(名)으로 계속 부르는 것은 실례라고 보았기 때문입니다. 즉, 어른이 되었으므로 어른에 걸맞은 이름으로 불려야 한다는 것입니다. 그다음으로 연륜이 쌓이고 경륜이 높아지면 호(號) 또는 아호(雅號)라는 이름을 갖게 됩니다. 마지막으로 그 사람이 죽은 뒤 생전의 업적을 평가하여 국가에서 내려주는 이름이 있습니다. 그것을 시호(諡號)라고 합니다. 물론 시호는 정치적으로나 학문적으로 뛰어난 업적을 남긴 인물에게만 내려지기 때문에 아무나 받을 수 있는 것은 아닙니다.

* 섭공(葉公)이라는 인물은 당시 강대국 중 하나인 초(楚)나라의 대부였던 심제량(沈諸梁)이라는 인물로, 섭(葉)이라는 땅을 식읍(食邑)으로 소유하였기 때문에 섭공이라고 불렸습니다.

로만큼 스승 공자에 대해 잘 아는 제자도 없고, 그 때문에 섭공도 자로에게 질문을 했던 것인데, 왜 자로는 대답을 하지 못했을까요? 앞의 글에서 공자 역시 "너는 어찌하여 ~ 라고 말하지 않았느냐?"라고 그 이유를 묻고 있습니다. 공자의 반응에서도 알 수 있는 것처럼, 자로가 스승 공자에 대해 몰라서 대답하지 못한 것이 아니었을 것입니다. 만일 자로가 몰라서 대답하지 못한 것이라면, 공자가 자로에게 이렇게 추궁하듯 되묻지 않았겠지요. 그렇다면 자로가 대답을 하지 못한 이유는 무엇일까요?

솔직히 말씀드리자면, 지금 우리로서는 그 이유를 정확하게 알 도리가 없습니다. 다만 공자가 자로에게 한 말에 근거해서 추측할 뿐입니다. 우선 공자가 자로에게 한 말을 꼼꼼히 읽어볼 필요가 있습니다. 공자는 제자 자로가 말하지 못한 공자 자신에 대해 스스로 설명하려고 합니다. 공자가 자기 자신에 대해 스스로 어떻게 설명하는가 하는 점은 중요한 의미를 갖습니다. 왜냐하면 누군가가 자기 자신에 대해 설명할 때는 반드시 자신이 가장 중요하게 생각하는 점을 중심으로 설명하게 되어 있기 때문입니다. 그렇다면 우리는 공자의 설명을 통해, 제자 자로가 설명하지 못했던 스승 공자에 대한 공자 자신의 답을 들을 수 있고, 특히 스승 공자가 자신의 삶에서 어떤 점을 중요하게 생각하고 있는지를 확인할 수 있습니다.

공자는 자기 자신에 대해 먼저 "분을 내어 밥 먹는 것도 잊는다"라는 점을 들었습니다. 여기에서 "분을 내다"라는 것은 모르는 것이 있을 때 답답함을 견디지 못하고 그것을 해결하기 위해 덤비는 모습을 일컫는 표현입니다. 공자는 이런 답답함이 있어야 답답함을 해결하기 위해 문제에 몰입하게 되고, 이런 과정을 통해 학문의 자발적 성취가 가능하다고 보았습니다. 그래서 공자는 제자들을 가르칠 때도 "제자들 스스로 분해 하지 않으면 계발시켜 주지 않는다"라고 말했습니다.* 한편 "밥 먹는 것도 잊는다"라는 표현은 답답함과 몰입이 어느 정도였는지를 보여주는 언급입니다. 공자는 일찍이 자신이 어떤 문제에 대해 골똘히 생각하는 상황을 이야기하면서 "하루 종일 먹지도 않고, 밤새도록 잠자지도 않았다"라고 표현한 바 있습니다.** 그렇다면 "분을 내어 밥 먹는 것도 잊는다"라는 말은 공자 자신이 모르는 것이 있을 때 그것을 해결하기 위해 어떤 태도로 임했는지를 보여주는 설명으로 이해할 수 있습니다.

----

* 《논어(論語)》〈술이(述而)〉: 子曰: "不憤不啓, 不悱不發."
** 공자께서 말씀하셨다. "내가 일찍이 하루 종일 밥도 먹지 않고 밤새도록 잠도 자지 않으면서 생각하였으나 보탬이 없었으니 배우는 것만 못하였다."(《論語》〈衛靈公〉: 子曰: "吾嘗終日不食, 終夜不寢, 以思, 無益, 不如學也.")

다음으로 공자는 "즐거워 모든 근심을 잊는다"라는 말로 자신을 설명합니다. 이 말은 당연히 앞서 "분을 내어 밥 먹는 것도 잊는다"라고 한 말에 이어지는 설명입니다. 따라서 여기에서 말하는 '즐거움'은, 밥 먹는 것도 잊고 잠자는 것도 잊은 채 덤벼들어, 몰라 답답했던 그것을 깨달아 알게 됨으로써 맞이하게 되는 상태입니다. 답답한 정도가 강했기 때문에 몰입의 자세 역시 절실했고, 그랬기 때문에 그것을 깨달았을 때 맞는 즐거움의 크기 또한 컸을 것입니다. 공자는 그때의 즐거움을 세상의 모든 근심을 다 잊게 해줄 만큼이었다고 표현한 것입니다.

마지막으로 공자는 "늙음이 장차 이르러 오는 줄도 모르는 사람"이 자신이라고 설명합니다. 이 말은 앞에서 이야기한 삶의 태도가 혈기 왕성한 젊은 날에만 그랬던 것이 아니라, 지금 이 나이가 되어서도 여전히 그러하다는 점을 보여주는 대목입니다. 젊은 날에는 어떤 것에 목숨을 바칠 것처럼 몰입을 하기도 하지만, 나이가 들어가면 기력도 의지도 약해지기 마련입니다. 그래서 보통 사람들의 경우 나이가 들면 '이 나이에…'라는 말로 변화와 성장을 위한 새로운 도전을 회피하려 합니다. 하지만 공자는 자신이 늙어간다는 사실조차 잊은 채 젊은 날 그랬던 것처럼 여전히 그렇게 살고 있다는 점을 말하고 있습니다.

이상의 설명을 통해 우리는 공자가 '배움의 열정'을 가장 중요하게 생각했음을 알 수 있습니다. 실제로 공자는 다른 것은 몰라도 '배움을 좋아하는 것'[好學]에 있어서만큼은 누구에게도 뒤지지 않으리라 자부했습니다.[*] 어려운 환경에서 태어나 넉넉하지 못한 유년기를 보낸^{**} 공자였기에 그에게는 뛰어난 스승을 모시고 공부할 수 있는 여건이 주어지지 않았습니다. 그럼에도 불구하고, 오히려 그랬기 때문에 그는 누구보다도 배움에 목말라했으며, 열린 마음으로 누구에게라도 배우려고 했습니다.^{***} 이러한 배움의 자세로 말미암아 공자는 특정한 스승이 없었지만 스스로 위대한 스승이 되었습니다. 그런 공자를 보고 제자들은 '태어나면서부터 모든 것을 아신 분'이라고 생각했습니다. 그러나 공자는 "나는 태어나면서부터 모든 것을 알았던 사람이 아니라 옛것을 좋아

---

* 공자께서 말씀하셨다. "열 가구가 사는 자그마한 고을에도 분명 나만큼 충실하고 믿음직스러운 사람은 있을 것이나 나만큼 배움을 좋아하는 사람은 없을 것이다."(《論語》〈公冶長〉: 子曰: "十室之邑, 必有忠信如丘者焉, 不如丘之好學也.")

** "공자는 빈천하였기 때문에 자라서는 계씨 집안의 창고지기가 되어 출납회계를 맡은 적도 있었고, 가축을 맡아 관리한 적도 있었다."(《史記》〈孔子世家〉: "孔子貧且賤. 及長, 嘗爲季氏史, 料量平; 嘗爲司職吏, 而畜蕃息.")

*** 공자께서 말씀하셨다. "세 사람이 길을 가면 그중에 반드시 나의 스승이 있다. 좋은 것은 골라서 따르고, 좋지 못한 것은 골라서 고치기 때문이다."(《논어(論語)》〈술이(述而)〉: 子曰, "三人行, 必有我師焉, 擇其善者而從之, 其不善者而改之.")

하여 민첩하게 추구했던 사람"이라고 말했습니다.* 공자는
일찍이 자신의 일생을 회고하는 형식을 빌려 다음과 같이 말
한 바 있습니다.

공자(孔子)께서 말씀하셨다. "나는 열다섯에 배움에 뜻을
두었고, 서른에는 섰고, 마흔에는 미혹되지 않았고, 쉰에
는 하늘의 명을 알았고, 예순에는 귀가 순해졌고, 일흔이
되어서는 마음이 하고 싶은 대로 따라도 법칙을 넘지 않
았다."**

이 이야기는 공자가 자신의 삶이 어떻게 변화해왔는지를
10년을 주기로 설명한 대목입니다. 공자의 삶은 연륜과 함께
점점 내면적으로 성숙해졌을 뿐 아니라, 세상을 모두 포용할
수 있을 만큼 커지고 여유로워졌습니다. 그래서 마침내는 마
음속에 일어나는 모든 생각이 일체의 욕심이나 부정한 것으
로부터 자유로워진 경지에까지 이르게 되었습니다. 공자의
이 술회에서 한 가지 유념해서 살펴볼 것이 있습니다. 공자
가 변화를 통해 성장해온 자신의 삶을 제자들에게 이야기한

---

* 《논어(論語)》〈술이(述而)〉: 子曰: "我非生而知之者, 好古, 敏以求之者也."
** 《논어(論語)》〈위정(爲政)〉: 子曰: "吾十有五而志于學, 三十而立, 四十而不惑, 五十而
知天命, 六十而耳順, 七十而從心所欲不踰矩."

이유가 무엇일까 하는 점입니다. 공자는 자신의 경험을 제자들에게 일러줌으로써 어떤 가르침을 주려 했던 것일까요?

이러한 문제의식을 가지고 이 글을 다시 살펴보면, 이 글이 단순히 10년을 주기로 한 공자 자신의 변화상을 이야기하고 있는 것만은 아니라는 사실을 발견하게 됩니다. 즉, 서른 이후 10년마다 획득한 것들은 점점 고양된 경지이지만, 배움에 뜻을 두었다고 표현된 열다섯의 경험은 분명 서른 이후에 획득한 경지와는 다른 것이기 때문입니다. 그런 점에서 변화의 출발점이기도 한 "열다섯에 배움에 뜻을 두었다"라는 언급은 어쩌면 서른 이후의 변화가 가능했던 원인에 대한 설명인지도 모릅니다. 다시 말해서, 어려서부터 배움에 둔 뜻을 늙어서까지도 가슴에 품고 살았기에 이러한 발전 단계를 차근차근 밟아올 수 있었다는 것입니다. 이 점이 바로 제자들에게 들려주기 위해 이 말을 한 까닭이었을 것으로 추측해볼 수 있습니다. 또한 이 말은 공자 스스로 "분을 내어 밥 먹는 것도 잊고, 즐거워 모든 근심을 잊는" 사람으로 자신을 설명한 것과 정확하게 부합하는 모습입니다. 서른 이후의 경지를 획득할 수 있었던 까닭 역시 "늙음이 장차 이르러 오는 줄도 모르고" 배움의 열정을 놓지 않았기 때문일 것입니다. 그리고 이런 모습이야말로 자신이 자로를 비롯한 여러 제자에게 기억되고 싶은 스승으로서의 모습이었을 것입니다.

퇴계, 끊임없이 성찰하고 연구하고 성장하는 스승

이번에는 퇴계가 보여준 '스승' 상에 대해 살펴보도록 하겠습니다. 먼저 퇴계의 제자인 간재(艮齋)[*]가 스승 퇴계에 대해 기록한 글 하나를 보겠습니다.

경오년(1570) 12월 4일 오후. 선생께서는 제자들을 보고 싶어 하셨다. 자제들은 무리가 있을까 두려워 그만두시기를 청하였으나 선생께서는 "삶과 죽음의 즈음이니 보지 않을 수 없다"라고 하셨다. 마침내 윗옷을 걸치시고 여러 제자에게 말씀하시기를 "평소 그릇된 식견으로 제군들과 강론을 하였는데 이 또한 쉽지만은 않은 일이었다"라고 하셨다.[**]

퇴계는 연산군 7년 신유년(1501) 음력 11월 25일에 경상도 예안현 온계리에서 태어나 선조 3년 경오년(1570) 음력 12월 8일에 운명했습니다. 그러니까 경오년 12월 4일 오후의 이 기록은 퇴계가 생을 마감하기 4일 전에 있었던 일을 기록한

---

   * 이덕홍(李德弘: 1541~1596)

  ** 《간재집(艮齋集)》 권5 〈계산기선록(溪山記善錄)〉: 是日(初四日)午後, 欲見諸生等. 子弟恐其動心請止, 先生曰: "死生之際, 不可不見." 遂加上衣, 引諸生語曰: "平時以謬見與諸君講論, 是亦不易事也."

것입니다. 퇴계 연보(年譜)에 따르면 그는 이날 조카 영(甯)에게 자신이 운명하면 장례를 어떻게 처리해야 할지에 대한 유계(遺戒)를 쓰게 하는 등 생을 마감할 준비를 했습니다.[*] 유계에서 퇴계는 나라에서 후한 장례를 치르라 해도 사양할 것이며, 커다란 비석이 아닌 자그마한 돌에 '퇴도만은진성이공지묘(退陶晚隱眞城李公之墓)'라고 쓰고 뒷면에 기록될 자신의 생애에 대해서도 과장해서 쓰지 말 것을 당부했습니다.

오래전부터 병환이 깊었던 퇴계는 한 달쯤 전에 이미 서당에서 가르치던 제자들을 모두 돌려보냈습니다.[**] 그런데 삶을 정리하던 퇴계는 이날 제자들을 보고 싶어 했습니다. 자신의 일생을 차분하면서도 겸손하게 마무리하던 퇴계는 제자들과도 정리할 일이 있었기 때문입니다. 엄동설한 한추위에 제자들을 만나자면 아무래도 무리가 있을까 자제들은 염려했지만, 퇴계는 "삶과 죽음의 즈음이니 보지 않을 수 없다"라며 제자들을 불러달라고 했습니다. 연통을 받은 제자들이 오자 퇴계는 윗옷을 걸쳤다고 앞의 글은 기록하고 있습니다. 마지막이 될 수도 있는 제자들과의 만남에서 의관을 정제하

---

[*] 《퇴계선생연보(退溪先生年譜)》 卷2 〈庚午:先生七十歲錄〉: 十二月. … 丁酉. 命兄子甯, 書遺戒. 一令勿辭禮葬, 二勿用碑石, 只以小石, 書其前面云: '退陶晚隱眞城李公之墓', 其後略敍鄕里世系志行出處, 如家禮中所云.

[**] 《퇴계선생연보(退溪先生年譜)》 卷2 〈庚午:先生七十歲錄〉: 十一月. 以病倦謝遣諸生.

지는 못하더라도 병석에서 입고 있던 편한 옷으로 대하는 것은 도리가 아니라 여겼기 때문일 겁니다. 병환 중인 몸을 일으켜 어렵게 윗옷을 걸친 퇴계가 제자들에게 마지막으로 남긴 말은 다음 한 마디였습니다. "평소 그릇된 식견으로 제군들과 강론을 했는데 이 또한 쉽지만은 않은 일이었다." 퇴계는 삶과 죽음의 갈림길에서 이 말을 하려고 제자들을 보고 싶다고 했던 것입니다. 제자들에게 이 말을 하지 않고는 편히 눈을 감을 수 없을 것 같았기 때문이겠지요. 그렇다면 이 마지막 말이 도대체 어떤 의미를 담고 있기에 퇴계는 이 말을 하지 않으면 안 된다고 느꼈던 것일까요?

이 말에서 가장 눈에 띄는 것은 '그릇된 식견'이라는 말입니다. 왜냐하면 퇴계와 '그릇된 식견'이라는 말은 언뜻 어울리지 않아 보이기 때문입니다. 퇴계는 당대 최고의 학자였습니다. 비단 조선 내에서만 최고의 학자라는 뜻이 아닙니다. 16세기 당시 동양의 주류 학문 사상은 성리학이었습니다. 성리학 영역에서 퇴계가 이룩한 학문적 업적은 조선은 물론 중국 학자들의 업적과 견주어도 최고 수준이었습니다. 또한 아직 동양과 서양의 학문과 사상이 활발하게 교류하지 않았던 시기이기에 맞비교하기는 어렵지만, 동양에서 최고 수준의 학문적 성취를 이룬 퇴계는 당대 세계 최고 반열의 학자로 꼽아도 결코 무리가 아닐 것입니다. 그런 그가 '그릇된 식견'

을 언급하였으니 눈길을 끄는 것은 당연합니다. 그렇다면 혹시 퇴계가 겸손을 보이기 위해 이런 표현을 썼을까요? 그렇게 보기에는 이 말을 한 상황이 매우 엄중합니다. 삶과 죽음의 갈림길에서 일부러 제자들을 불러놓고 겸손을 보이려 했다고 보기는 어렵기 때문입니다. 겸손이 아니라면 퇴계의 이 말은 진심이었을 겁니다. 퇴계는 제자들을 가르쳤던 자신의 식견에 대해 오류투성이였음을 진심으로 고백하고 있는 것입니다.

당대 최고의 학자였던 퇴계는 왜 자신의 식견에 대해 이렇게 느꼈을까요? 그것을 삶과 죽음의 갈림길에서 제자들에게 고백한 이유는 무엇일까요? 예를 하나 들어보겠습니다. 우리 지갑 속에는 지폐가 들어 있습니다. 하지만 누구도 자신의 지갑에 있는 지폐가 위조지폐일 수 있다는 생각을 하지 않습니다. 누군가가 위조지폐를 만들어서 시중에 유통시켰다는 보도를 심심찮게 접하면서도 그 위조지폐가 내 지갑 속에 있으리라고는 생각하지 않습니다. 그런데 상점에서 물건을 사고 지갑에 있는 지폐를 꺼내 값을 지불했는데 그것이 위조지폐였다면 어떨까요? 상점 주인은 이 사실을 경찰에 신고할 것이고, 우리는 경찰서에 가서 조사를 받을 것이며, 이 일이 기자들에게 알려지면 신문과 방송에까지 보도될 것입니다. 위조지폐를 만들어 소유하지는 않았지만,

위조지폐가 내 지갑에 있었다는 이유로 큰 곤욕을 치르게 될 것입니다. 이런 경험을 하고 나면, 우리는 전과 다르게 지갑 속에 든 지폐가 혹시나 위조지폐가 아닐까 살펴보는 습관을 갖게 될 것입니다. 자신이 소유한 것이 잘못되었다는 것을 호되게 경험해본 사람만이 자신이 소유할 것들에 대해서도 회의하고 확인하는 법입니다.

퇴계가 스승으로서 자신의 식견에 대해 그릇된 식견이라고 말한 것도 이런 차원에서 이해할 수 있습니다. 예컨대 40대의 스승 퇴계가 제자들에게 《논어》를 가르친 것과 60대의 스승 퇴계가 제자들에게 《논어》를 가르친 것이 같았을까요? 아마 달랐을 겁니다. 분명 가르치는 방법과 태도도 달랐겠지만, 내용에 있어서도 잘못을 수정한 곳이 적지 않았을 것입니다. 《맹자》라고 그렇지 않았을까요? 《시경》, 《서경》, 《주역》은 또 어땠겠습니까? 퇴계는 자신의 학문이 깊어져감과 동시에 자신의 가르침이 매우 불충분할 뿐만 아니라 잘못된 것도 많다는 사실을 깨달은 적이 한두 번이 아니었을 겁니다.

이처럼 자신의 식견이 그릇되었다는 사실을 깨달을 때마다 스승 퇴계는 어떤 느낌이 들었을까요? 아마 이런 상황에서도 계속 제자들을 지도해야 하는지 회의했을 겁니다. 즉, 자신이 옳다고 믿고 가르쳤던 것들이 틀렸다는 것을 알게 될 때마다 퇴계는 스승으로서의 한계를 절감했을 것입니다. 그렇다고 당장 가르치는 일을 그만둘 수도 없습니다. 만일 그렇게 되면 제자들은 졸지에 배울 곳을 잃게 되기 때문입니다. 스스로 스승으로서의 한계를 느끼면서도 가르침을 지속하지 않으면 안 되는 현실, 이를 퇴계는 "이 또한 쉽지만은 않은 일이었다"라고 말합니다.

그렇다면 퇴계가 생을 마감하는 즈음에 제자들을 불러서 이 이야기를 한 까닭은 무엇일까요? 그것은 일종의 양심선언으로, 그동안 자신이 그릇된 식견으로 제자들을 가르쳐온 것에 대해 고백하지 않고 세상을 뜨는 것은 '사기'와 다름없다고 느꼈기 때문일 겁니다. 만일 그것을 고백하지 않고 세상을 뜬다면 제자들에게 가르쳤던 모든 것이 참이라는 뜻이 되기 때문입니다. 하지만 이를 좀 더 일찍 고백하는 것은 안 될 이야기입니다. 예컨대 어느 날 제자들에게 어떤 책을 가르친 다음 "얘들아, 내가 지금 설명한 것은 틀렸을 수 있으니 알아서 받아들이렴"이라고 말할 수는 없습니다. 가르치는 사람으로서 자신의 가르침이 어디가 어떻게 잘못된 것인지도 모른 채 이렇게 이야기한다는 것은 너무 무책임한 일이지요.

자신의 식견에 대한 오류 가능성을 염려하면서도 가르치는 현장에서 이를 이야기할 수 없는 상황에서 스승은 어찌해야 할까요? 우선은 자신이 지금 알고 있는 최선을 찾아 확신을 갖고 가르치는 것입니다. 다음으로는 지금 알고 있는 최선이 곧 참이 아니라 거짓일 수 있다는 오류 가능성에 대해 열린 자세를 갖고 오류를 찾아내려는 노력을 게을리하지 않는 것입니다. 오류가 발견되면 이를 수정한 또 다른 최선으로 가르치는 것입니다. 스승은 "내가 하는 말이 변할 수 없는 참이다"라고 말하면서 교만을 부려서도 안 되지만 "내가 하는 말이 틀렸을 수도 있다"라고 말하면서 무책임한 모습을 보여서도 안 됩니다. 스승은 오직 '전에 내가 저렇게 말했는데 그것은 이런 점에서 잘못된 것이니 이렇게 이해하도록 하라'며 끊임없이 성찰하고 연구하고 성장하는 모습을 보여야 합니다. 퇴계는 늘 이렇게 이야기하면서 더 나은 최선을 제시하는 스승이었습니다. 그러나 죽음을 눈앞에 둔 지금 퇴계에게는 더 이상 자신의 오류를 수정할 시간이 없습니다. 이제는 스승이 가르친 것일지라도 맹신해서 묵수하지 말고 스스로 오류를 찾아내 수정할 수 있도록 해주어야 했던 것입니다. 그래서 퇴계가 할 수 있는 말이란 "평소 그릇된 식견으로 제군들과 강론을 하였는데 이 또한 쉽지만은 않은 일이었다"라는 것뿐이었습니다.

　제자들에게 미안함을 가득 담아 유언처럼 이 한 마디를 남긴 스승 퇴계는 나흘 뒤 세상을 떠났습니다. 그렇다면 스승에게 뜻밖에 이런 이야기를 들은 제자들은 이런 스승을 어떻게 생각했을까요? 모든 제자들의 생각을 다 살펴볼 수 없으니 한 제자의 기록으로 대신합니다.

> 그 순수한 자질과 정밀한 식견, 크고 굳센 지조와 높고 밝은 학문, 도(道)는 그 자신에 축적되어 있고 말씀은 영원토록 후대에 드리우며, 공로는 앞선 성인들을 빛나게 하고 혜택은 후세의 학자들에게 흐르도록 한 분을 우리 동방에서 찾는다면 (우리 선생님) 한 분뿐이시다.*

그동안 그릇된 식견으로 가르쳤던 자신을 이해해달라며 미안해했던 스승에 대해 제자는 "순수한 자질과 정밀한 식견, 크고 굳센 지조와 높고 밝은 학문"으로 앞선 성인들을 빛나게 하는 공로를 세웠을 뿐 아니라 후세의 학자들에게 더없는 혜택을 물려주신 최고의 스승으로 기억합니다. 스승 한 사람을 두고 스승 자신은 더없이 부족한 스승이라고 여겼지만, 정작 제자들이 기억하는 스승은 '오직 한 분뿐'인 스승이었습니다. 이처럼 불일치한 인식 앞에서 우리는 의아스러움보다는 오히려 아름다운 사제의 표본을 봅니다. 그 아름다움

---

* 《문봉집(文峯集)》 권4 〈퇴계선생언행통술(退溪先生言行通述)〉: "其純粹之資, 精詣之見, 弘毅之守, 高明之學, 道積于一身, 而言垂于百代, 功光乎先聖, 而澤流乎後學, 則求之東方, 一人而已."

은 스승이 자신의 부족한 점을 깊이 성찰하고 이를 보완하기 위해 끊임없는 노력을 기울였기 때문에 가능했다는 사실에 주목합니다. 실제 학문에 대한 퇴계의 열정은 매우 치열했습니다.

"저는 천성이 거칠고 둔한 데다 스승과 벗의 이끎도 없었으며, 일찍이 학문에 뜻은 두었으나 중도에 병이 들어 시간을 허송하였습니다. 몸이 쇠약해지고 머리마저 하얗게 새고서야 산속에 은거하여, 먼지 쌓이고 좀먹은 옛 책들 속에서 감동하며 고무되어 있습니다. 하지만 말로 형용할 수 없을 만큼의 깊은 흠모와 지극한 즐거움이 있다 하나, 기력이 쇠진하여 치열하게 공부에 임할 수 없음에 괴로워하며, 가없는 막막함 앞에서 적확하게 본 것도 없고 투철하게 실천한 것도 없음을 깨달을 때마다 한평생을 무의미하게 보낸 것이 두렵습니다."*

물론 이 글에는 퇴계의 겸손이 진하게 배어 있습니다. "적

---

* 《퇴계전서(退溪全書)》 권12 〈답박택지운(答朴澤之雲)〉: "況疎鹵之性, 無師友之導, 早嘗有意, 中罹沈疾, 虛度光陰. 至於衰白之年, 因屛迹林藪, 感發於塵編蠹簡之中, 雖欣慕之深, 愛樂之至, 有非言說所形容者, 第苦精力憊乏, 不能刻勵做工, 尙覺茫無涯畔, 無一的見到處實行得路, 每恐枉過了一生也."

확하게 본 것도 없고 투철하게 실천한 것도 없다"거나 "한평생을 무의미하게 보낸 것이 두렵다"라는 말에서 "배움은 항상 미치지 못한 듯이 하라"[*]는 공자의 가르침대로 자신의 현재에 만족하지 않는 퇴계의 겸손하고 성실한 학문 자세를 엿볼 수 있습니다. 그러나 겸손은 엄살이나 내숭과는 질적으로 다릅니다. 속으로는 자신을 높게(많게, 크게) 생각하면서도 겉으로만 낮은(적은, 작은) 척하는 가식이 엄살이나 내숭이라면, 겸손은 스스로 자신의 불만족스러운 현실을 직시함으로써 자연스럽게 드러나는 진실한 태도입니다. 어진 스승과 좋은 벗을 갖지 못한 퇴계는 홀로 가는 학문의 길에서 늦출 수 없는 긴장감으로 항상 스스로를 성찰해야 했으며, 때문에 퇴계는 진실한 의미에서 자신의 현실에 겸손할 수밖에 없었던 것입니다. 퇴계가 여러 곳에서 여러 사람에게 스승과 벗이 없었음에 대해 이야기하고 있는 것은 스스로 이 부분을 절실한 안타까움으로 느끼고 있어서이며, 만일 그렇지 않았더라면 지금보다 훨씬 낫지 않았을까 하는 아쉬움이 남아서입니다.

이런 안타까움과 아쉬움이 있었기에 젊은 날의 퇴계는 부족한 부분을 벌충하기 위해 "종일토록 쉬지도 않고 밤을 새

---

[*] 《논어(論語)》 〈태백(泰伯)〉: 子曰: "學如不及, 猶恐失之."

워 잠도 자지 않다가 마침내 고약한 병을 얻어 아무것도 할 수 없는 사람이 되고 말았다"*라고 토로할 정도로 배움에 정진하지 않을 수 없었습니다. 그리고 이러한 태도는 혈기 왕성한 젊은 날 한때의 패기로만 그치지 않았습니다. 그의 제자는 노년의 병중에서도 한결같은 진지함으로 배움에 임했던 스승 퇴계를 다음과 같이 기록하고 있습니다.

> 선생께서는 연세가 높아지고 병이 깊어질수록 배움을 진전시키는 데 더욱 힘을 쏟으시고 도(道)를 자임하심이 더욱 무거우셨다. 장중함과 공경함을 유지하고 함양하는 노력은 홀로 계시는 편안한 곳에서 더욱 엄격하셨다. 평소에는 날이 새기 전에 일어나서 반드시 세수하고 머리를 빗은 다음 의관을 정제하시고 종일토록 책을 보셨다. 간혹 향을 피우고 고요히 앉아 항상 마음을 다잡아 살피시기를 마치 첫 해가 떠오를 때처럼 하셨다.**

---

* 《간재집(艮齋集)》 권5 〈계산기선록(溪山記善錄)〉: 先生嘗言: "吾少時發憤爲學, 終日不輟, 終夜不寐, 遂得沉痼之疾, 迄未免病廢之人."
** 《학봉집(鶴峯集)》 속집 권5 〈퇴계선생언행록(退溪先生言行錄)〉: 先生年益高病益深, 而進學益力, 任道益重. 其莊敬持養之功, 尤嚴於幽獨得肆之地. 平居未明而起, 必盥櫛衣冠, 終日觀書, 或焚香靜坐, 常提省此心, 如日初昇.

퇴계의 이러한 태도를 제자들은 '자면면인'(自勉勉人)이라
는 말로 스승 퇴계의 교학을 평가합니다.[*] '자면면인'이란
'스스로 자신에게 힘쓰고(自勉), 이를 바탕으로 다른 사람에
게 힘쓰도록 한다(勉人)'는 뜻으로, 가르침과 배움의 유기적
관계를 중시하는 전통 교학의 핵심을 적시하는 표현입니다.
제자들의 평가대로라면 퇴계는 자신의 부족함을 자각하고
스스로 배움에 열중하였을 뿐이었지만 오히려 그러한 태도
야말로 제자들에게는 최고의 가르침이었던 것이고, 가르치
기 위한 가르침이 아니라 배움으로부터 흘러나오는 가르침
이었기에 살아 있는 힘을 발휘할 수 있었습니다.

---

[*] 《간재집(艮齋集)》 권5 〈계산기선록(溪山記善錄)〉: 教人之際, 必以《小學》先之, 次及《大
學》, 次及《心經》, 次及《語》·《孟》, 次及《朱書》, 而後及之於諸經, 則趨向已正, 志氣堅定,
非但不爲習俗所撓奪, 其於文義之間, 亦迎刃以解矣. 若《近思錄》則曰: "皆周·程·張·邵
之語錄, 而多引易說, 故不先教人者, 豈非其言簡古, 義理精深, 初學猝難著脚者乎?" 若
〈太極圖說〉則曰: "乃吾所入頭處", 若〈敬齋箴〉則曰: "乃吾受用之地", 其自勉勉人之序,
如是也夫!

교학상장,
자기 양성의 선순환

공자와 퇴계가 보여준 스승 상의 핵심은 가르침 이전에 배움입니다. 좀 더 정확하게 말하자면 끊임없는 자기 양성을 통해스승의 역할에 충실하고자 했던 것입니다. 이 대목에서 우리가 주목해야 할 말이 있습니다. 다름 아닌 '교학상장(敎學相長)'입니다. 우리는 이 말을 '교사의 가르침과 학생의 배움이 상호성장한다'라는 의미로 이해하고 소비합니다. 물론 가르치고배우는 현장에서는 그와 같은 상호작용이 이루어져야 합니다.하지만 '교학상장'이 담고 있는 본질적인 의미는 그와는 좀 다릅니다. 이 말은 《예기(禮記)》〈학기(學記)〉 편에 실려 있는데, 그곳에서는 이 말을 다음과 같이 설명하고 있습니다.

배운 다음에야 자신의 부족함을 알고, 가르친 다음에야 자신의 문제점을 알게 된다. 부족함을 알고서야 스스로 반성할 수 있고, 문제점을 알고서야 스스로 강해질 수 있다. 그러므로 가르침과 배움은 서로가 서로를 성장시킨다고 한다.[*]

이 말에 대해 우리가 이해하는 것과 경전에 담겨 있는 본질적인 의미 사이에는 큰 차이가 있습니다. 그것은 가르치고 배우는 주체가 다르냐 같으냐입니다. 우리는 이 말을 이해할 때 배움의 주체는 학생, 가르침의 주체는 교사로 이해하는 데 반해, 경전에서는 배움과 가르침의 주체를 한 사람으로 봅니다. 즉, 한 사람 안에서 일어나는 가르침과 배움이 서로가 서로를 성장시켜주는 '교학의 선순환'을 보여주는 것입니다. 이때 교학의 주체는 당연히 교사(스승)를 가리킵니다. 그렇다면 경전이 이 말을 통해 우리에게 전해주고자 하는 본의는 무엇일까요? 그것은 바로 교사는 가르치는 사람이 아니라, 가르침과 배움이 자신의 안에서 선순환하는 사람이어야 한다는 사실입니다. 그것이 곧 스승의 자기 양성입니다.

---

[*] 《예기(禮記)》〈학기(學記)〉: "學然後知不足, 敎然後知困. 知不足, 然後能自反也. 知困, 然後能自强也. 故曰敎學相長也."

최고의 가르침은 이론적으로는 언제나 정답을 이야기하는 것이겠습니다. 앞에서 이야기했던 사막에서 오아시스의 소재를 아는 사람이 최고의 안내자라는 말과 같습니다. 하지만 인생이라는 사막에서 그런 안내자를 만나기란 쉽지 않습니다. 그래서 공자는 '온고이지신'을 스승의 조건으로 이야기했던 것이며, 퇴계가 평생 자신의 '그릇된 식견' 앞에 겸손했던 이유도 여기에 있습니다. 세상의 모든 스승은 언제나 정답을 이야기해야 한다는 강박으로부터 자유로워질 필요가 있습니다. 다만 사골국을 끓이기 위해 장작불을 꺼뜨리지 않아야 하는 것처럼, 끊임없는 자기 양성을 위해 배움의 열정을 식히지 않는 것이 중요합니다. '교학상장'의 의의는 이 지점에서 찾아져야 합니다.

  제자들은 알고 있습니다. 스승이 완벽하지 않다는 것을요. 퇴계의 제자들도 스승 퇴계가 완벽하지 않다는 것을 알고 있었습니다. 퇴계가 '그릇된 식견'을 가졌노라고 유언하고 세상을 떠난 뒤, 그를 '정밀한 식견'을 가졌던 '한 분뿐인 스승'으로 기억했던 문봉(文峯)* 역시 생전에 스승의 학설에 이의를 제기하고 수정을 건의했던 제자였습니다. 그런 제자들 앞에서 자신의 식견에 오류가 있을 수 없다고 고집하는 것은 어리석

---

* 정유일(鄭惟一, 1533~1576)

은 일입니다. 언제나 자신의 식견에 겸손해야 하고, 그것에 가해지는 의문과 이견에 열린 자세로 임해야 합니다. 그런 의문과 이견을 제기하는 사람이 비록 제자라 할지라도 말입니다. 제자에게 주어진 가장 중요한 권리는 질문할 권리입니다. 스승의 식견에 대해서조차 의문을 제기하고 이견을 개진할 수 있어야 합니다. 스승은 그것을 귀담아듣고, 기존의 식견을 재점검해야 합니다. 재점검한 결과 문제가 없다면 의문과 이견을 제기했던 제자에게 더 상세하게 설명하고, 문제가 있다면 자신의 식견을 수정하는 계기로 삼아야 합니다. 그것이 스승의 의무입니다.

제자는 스승이 언제나 정답을 이야기하기 때문에 신뢰하고 존경하는 것이 아닙니다. 마찬가지 이유로 스승이 잘못된 식견을 한 번 내보였다고 제자가 신뢰와 존경을 즉각 철회하지도 않습니다. 중요한 것은 과정이고, 그 과정을 채우는 이야기입니다. 우리의 스승들은 엄했습니다. 그러면서도 제자가 제기하는 의문과 이견이 용납되었습니다. 심지어 스승은 이를 받아들이고 자신의 식견을 수정하기까지 했습니다. 스승과 제자 사이에 이러한 과정이 가능해야 합니다. 그리고 그 과정을 채우는 둘만의 이야기가 있어야 합니다. 이러한 과정과 이야기를 통해 제자는 스승에 대해 신뢰와 존경의 마음을 갖게 됩니다. 이러한 스승과 제자의 관계에서 상호 성장이 발생할 것임은 당연하고 자연스러운 일입니다. 이런 전제 위에서라면 '교학상장'이 가르치는 사람과 배우는 사람의 상호 성장으로 이해되어도 무방할 것 같습니다.

5장

배움의
의미

《논어》라는
압축파일 풀기

배움의 의미에 대해 이야기하기 위해서는 우선 《논어》의 첫 번째 편, 첫 번째 글을 살펴볼 필요가 있습니다. 《논어》의 첫 번째 글은 다음과 같습니다.

선생님께서 말씀하셨다. "배우고 시간 나는 대로 익힌다면 또한 기쁘지 않겠는가? 벗이 먼 곳에서부터 온다면 또한 즐겁지 않겠는가? 남이 알아주지 않는다 해도 노여워하지 않는다면 또한 군자답지 않겠는가?"[*]

---

[*] 《논어(論語)》〈학이(學而)〉: 子曰: "學而時習之, 不亦說乎? 有朋自遠方來, 不亦樂乎? 人

이 글을 이해하기 위해서는 몇 가지 먼저 이해해야 할 사항이 있습니다. 《논어》는 널리 알려진 바와 같이 공자의 제자들이 존경하고 신뢰해 마지않았던 스승의 말씀과 행적을 기록한 책입니다. 기록이란 어떤 것을 잊지 않고 싶을 때 하게 됩니다. 그리고 그 어떤 것을 소중하다고 느낄 때만 그것을 잊지 않으려고 합니다. 그렇다면 《논어》를 기록한 공자의 제자들은 스승의 말씀과 행적을 대단히 소중하다고 느껴서 잊지 않으려고 기록했다는 것을 알 수 있습니다. 그런데 중요한 것은 제자들이 스승 공자의 말씀과 행적을 기록할 때, 나중에 《논어》라는 책을 편찬하기 위해 기록했던 것은 아니라는 사실입니다. 그저 스승의 말씀을 잊지 않고 싶어서, 삶의 모습을 기억하기 위해 순간순간 메모해 둔 것이 나중에 《논어》로 엮였을 뿐입니다.

스승의 말씀과 행적은 한두 제자만이 아니라 많은 제자에 의해 기록되었으니 각자의 기록은 다양하고 상이했을 것입니다. 그도 그럴 것이 같은 시간 같은 공간에서 스승의 말씀을 들었더라도 제자마다 감동받은 대목은 달랐을 것이기 때문입니다. 뿐만 아니라 어떤 제자는 그 시간 그 자리에 있어서 스승의 말씀을 듣거나 행적을 보았겠지만, 어떤 제자는 그 시간

不知而不慍, 不亦君子乎?'

그 자리에 없어서 전혀 듣거나 보지 못하기도 했을 테니 제자마다 서로 다른 기록을 했을 가능성도 존재합니다. 이렇게 제자들은 각자의 상황과 수준에 따라 다양하고도 상이한 방식과 내용으로 기록했을 것입니다.

어느 날 스승이 세상을 뜹니다. 때로는 말씀으로, 때로는 실천으로 가르치고 배우는 장에서 수많은 감동을 주었던 스승, 그리하여 제자들로 하여금 잊지 않고 싶다는 생각을 일으켜 자발적으로 기록하게 했던 스승이 세상을 뜬 것입니다. 이제 더 이상 그 어디에서도 말씀을 듣거나 모습을 볼 수 없게 된 제자들은 막막했을 것입니다. 제자들은 이 막막함 앞에서 지혜로운 방법 하나를 찾아냅니다. 그들이 찾아낸 방법은 바로 공유였습니다. 각자 다양하고 상이하게 기록해둔 스승의 말씀과 행적을 서로 공유함으로써 미처 듣지 못했던 스승의 말씀을 다시 들을 수 있고 스승의 모습을 다시 뵐 수 있게 되었습니다. 그 공유의 결과물이 바로 《논어》입니다.

《논어》가 공문의 제자들이 스승의 말씀과 행적에 대한 기록을 공유하기 위해 만들어졌다는 것은, 흔히 "공자께서 말씀하셨다"로 해석되는 '자왈(子曰)'이라는 표현에서도 확인할 수 있습니다. 여기에서 '자(子)'는 당시 스승에 대한 존칭어로 사용되었던 말입니다. 즉, 이 말은 공자를 일컫는 고유명사가 아니라 누구에게도 쓸 수 있는 보통명사라는 것입니다. 따라서 당시 그 스승을 구체적으로 호칭하기 위해서는 스승의 성씨를 앞에 붙여 불렀습니다. 그 예가 공자, 맹자, 장자(莊子), 묵자(墨子) 등입니다. 이런 정황에 비추어 보았을 때, 만일 공자의 제자들이 공자 문하에 속하지 않은 불특정 다수를 대상으로 《논어》라는 책을 편찬했다면 《논어》에 등장하는 모든 공자의 말씀은 '자왈(子曰)'이 아니라 '공자왈(孔子曰)'이라고 했을 것입니다. 그러나 《논어》에서는 거의 대부분 '자왈'이라고 표기되어 있습니다. 이는 해당 이야기의 화자인 스승이 누구인지를 알고 있는 사람들끼리 이 책을 볼 것을 전제로 했을 때만 가능합니다. 따라서 《논어》는 공자를 스승으로 하는 공문의 제자들이 스승의 말씀과 행적에 대한 기록을 공유하기 위한 목적으로 편찬되었음을 알 수 있습니다.

《논어》는 총 500조목에 달하는 내용이 20개의 편에 수록되어 있는데, 이 내용이 한 번에 모두 수록된 것은 아니라고 합니다. 제자들은 여러 차례에 걸쳐 자료를 수집하고 정리하면서 《논어》를 완성해나갔을 겁니다. 《논어》를 읽어보신 분들은 아시겠지만, 20개의 편에 나누어 수록된 내용은 주제별로 잘 정리되어 있지 않습니다. 어찌 보면 매우 무질서해 보일 만큼 정리되지 않은 채로 수록되어 있습니다. 하지만 500조목에 이르는 방대한 자료는 편의상 분리될 필요성은 있었습니다. 그런 이유로 총 20개의 편으로 나누어졌는데, 애당초 주제별로 나누어지지 않았기 때문에 각 편의 이름도 해당 편의 첫 구절에 나오는 두 글자 또는 세 글자로 표기해두었을 뿐입니다.

그럼에도 불구하고 《논어》의 첫 번째 편 첫 번째 글조차 우연히 그곳에 놓이게 되었으리라고 보기는 어렵습니다. 예컨대 1년 365일 하루하루가 크게 다르지는 않지만, 새해 첫날의 의미는 365분의 1 이상이라는 것을 우리는 압니다. 1년 중 어떤 날은 반듯하게 잘 살기도 하고, 또 어떤 날은 이렇게 살면 안 된다 싶을 만큼 막 살기도 합니다. 하지만 새해 첫날만큼은 누구나 반듯하게 살려고 합니다. 새해 첫날이 갖는 의미란 나머지 날들의 의미와는 매우 다르다는 것을 알기 때문입니다. 마찬가지로 스승의 말씀과 행적을 공유하기 위해 자료를 모아 엮은 제자들이 첫 번째 글로 어떤 내용이 적합할지 고민하지 않았을 리 없습니다. 비록 500 조목에 달하는 내용이 일목요연하게 주제별로 정리되어 있지 않다 해도, 가장 첫 번째 글만큼은 스승에 대한 모든 기록을 대표할 수 있는 것이어야 한다고 생각했을 겁니다. 그러한 고민의 결과 선택된 글이 바로 다음과 같은 세 마디로 된 글입니다.

선생님께서 말씀하셨다. "배우고 시간 나는 대로 익힌다면 또한 기쁘지 않겠는가? 벗이 먼 곳에서부터 온다면 또한 즐겁지 않겠는가? 남이 알아주지 않는다 해도 노여워하지 않는다면 또한 군자답지 않겠는가?"

　우리는 이 글이 담고 있는 의미를 얼른 이해하기 어렵습니다. 우선《논어》가 전해주는 공자의 첫 번째 이야기는 "배우고 시간 나는 대로 익힌다면 또한 기쁘지 않겠는가?"입니다. 이 말이 얼른 이해가 되십니까? 아니, 그 전에 이 말이 맞는 말일까요? 배우고 익혀서 기쁨을 느껴본 적이 있으십니까? 연륜이 쌓이면 이 말에 공감하면서 이 말처럼 되어야 한다고 생각합니다. 하지만 중·고등학생은 물론 대학생들에게 이 말이 맞는 말이냐고 물어보면 고민도 하지 않고 맞지 않다고 말합니다. 지금은 이 말을 옳은 말이라고 느끼는 어른들조차 학창시절을 회상해보면 배우고 익히는 과정이 결코 기쁘지만은 않았을 겁니다. 그렇다면 이 말은 연륜이 쌓인 사람들에게만 해당되는 말일까요? 이 말은 배우고 익히면 기쁘다는 '사실'을 이야기하는 것일까요? 아니면 배우고 익히면 기뻐야 한다는 '당위'를 이야기하는 것일까요? 옳은 말이라는 것은 알겠는데, 얼른 이해가 가지 않습니다.

　두 번째 이야기는 "벗이 먼 곳에서부터 온다면 또한 즐겁지 않겠는가?"입니다. 이 말은 또 무슨 말일까요? 앞의 말보다는 이해하기 쉬운 말처럼 느껴지기는 합니다. 하지만 이 역시 그렇게 간단하게 볼 이야기는 아닙니다. 이 말을 얼른 보면 다음과 같이 해석할 수 있습니다. 벗이 먼 곳에서 왔다고 합니다. 당시에는 교통도 좋지 않았을 테니까 당연히 그 벗은 오랜만에 왔을 것입니다. 먼 곳에서 오랜만에 찾아와준 벗을 만났으니 얼마나 반갑고 즐겁겠습니까? 못다 한 이야기를 나누면서 쌓인 회포를 풀고, 어른이라면 술도 한잔하고 노래도 부르면서 밤새 즐거운 시간을 갖겠지요. 이렇게 해석하면 전혀 문제가 없는 것처럼 보입니다. 하지만 이 글을 정말 이런 의미로 이해하면 되는 것일까요? 벗들의 즐거운 만남을 통해 우정의 소중함을 이야기하는 것은 분명 중요한 문제이지만, 굳이 먼 곳에서 찾아온다는 설정을 통해 그런 뜻을 전달하려 했을까요? 설령 이 말을 공자가 우정의 소중함을 강조한 이야기로 본다 하더라도 석연치 않은 점은 또 남습니다. 제자들이 스승의 말씀 중에서 가장 대표성을 가진 말을 선택하려는 마당에 친구와의 만남에 관한 말을 꼽았을까 하는 점입니다.

세 번째 "남이 알아주지 않는다 해도 노여워하지 않는다면 또한 군자답지 않겠는가?"라는 말도 어떤 뜻을 담고 있는지 얼른 이해하기 어렵기는 마찬가지입니다. "남이 알아주지 않는다"라는 것이 어떤 의미인지, 그때 "노여워하지 않는다"라는 말은 무슨 뜻인지, 마지막으로 "군자답다"라는 말이 의미하는 바는 무엇인지 조금만 살펴 생각해보면 얼른 이해하기 어려운 말이라는 것을 알 수 있습니다.

사실《논어》첫 번째 편 첫 번째 글만이 아니라《논어》에 나오는 거의 모든 글이 이해하기 쉽지 않습니다. 그것은《논어》만의 문제가 아니라 고대의 많은 동양 고전이 공통으로 갖고 있는 특징이기도 합니다. 왜 동양의 고전들은 이렇게 어려운 것일까요? 물론 동양 고전의 글이 어려운 한문으로 쓰였기 때문일 수도 있습니다. 또한 글이 쓰인 시기와 오늘 사이에 놓인 시간적, 공간적 간극 때문일 수도 있습니다. 이 모든 것에 앞서 정말 중요한 이유는《논어》를 포함한 고대의 동양 고전이 일종의 압축파일이기 때문입니다.

　인류의 기록문화를 살펴보면 종이가 발명된 뒤로 기록은 질적으로나 양적으로 비약적인 발전을 이루게 됩니다. 종이의 발명과 더불어 인류의 기록문화가 비약적으로 발전할 수 있었다는 것은, 종이가 발명되기 전 인류는 무엇인가를 기록하는 데 있어서 매우 많은 제약을 받았다는 것을 뜻합니다. 종이는 2000년쯤 전에 중국에서 채륜(蔡倫: 63~121)이라는 사람에 의해 만들어졌습니다. 그런데《논어》는 대략 2500년 전에 기록되었습니다. 그러니까《논어》는 종이가 만들어지기 훨씬 전, 많은 제약 속에서 쓰인 것입니다.《논어》를 비롯한 동양의 많은 고전은 대나무를 쪼개서 손질한 죽간(竹簡)에 기록되었습니다. 대나무를 죽간으로 만드는 데 들어가는 노력에 비해 정작 죽간에는 많은 내용을 기록할 수 없었습니다. 그러므로 당시 사람들은 기록하고 싶은 내용을 소상하게 기록하지 못하고 핵심과 요점만 간추려서 압축적인 표현으로 기록할 수밖에 없었습니다. 마치 컴퓨터를 사용하는 사람이 자료를 저장할 공간이 부족할 때 파일을 압축해서 저장하는 것과 같은 원리입니다. 그래서 《논어》를 포함한 고대의 동양 고전을 일종의 압축 파일이라고 한 것입니다.

저장 공간이 부족해서 파일을 압축하여 저장했다면, 다시 꺼내어 쓸 때는 파일을 풀어야 합니다. 《논어》 첫 번째 편 첫 번째 글 세 마디에 대해 얼른 이해하기 어려웠던 이유는 압축된 표현을 풀지 않고 그대로 이해하려 했기 때문입니다. 이 글의 압축된 의미를 하나하나 풀어보면 '배움'과 관련한 놀라운 뜻이 켜켜이 숨어 있다는 것을 확인할 수 있고, 왜 공자의 제자들이 이 말씀을 《논어》 가장 첫머리에 올렸는지 이해하게 될 것입니다.

배우고 익히며 느끼는
벅찬 기쁨

"배우고 시간 나는 대로 익힌다면 또한 기쁘지 않겠는가?"

첫 번째 구절에서 핵심이 되는 말은 '배움[學]'과 '익힘[習]' 그리고 '기쁨[說]'입니다. 먼저 '배움'에 관한 이야기부터 풀어보도록 하겠습니다. '배움'을 나타내는 한자는 '학(學)'입니다. '학(學)'이라는 글자를 만들어 사용했던 옛사람들은 이 글자의 기본적인 뜻을 '본받음'이라고 설명했습니다. 이 설명은 배움의 본질적인 의미를 이해하는 데 매우 중요한 생각을 담고 있습니다.

인간의 여러 행위 중에 '본받음'이라는 행위는 특별한 전제를 동반하는 특징을 갖습니다. 즉, '본받음'이란 반드시 자기 자신에 대해 부족과 결핍을 자각할 때만 행해지기 때문입니다. 만일 누군가가 자기 자신에 대해 충분하고 완벽하다고 생각한다면 자신의 외부에 본(모델)을 설정한 다음 그 본을 닮으려고 할 필요성을 느끼지 못할 것입니다. 그러니까 인간은 자신의 문제점을 자각했을 때 외부로부터 무엇인가를 받아들임으로써 이를 해결하려고 하는데 그것이 곧 '본받음'이라는 것입니다. 이런 특징을 갖는 '본받음'이 곧 '배움'의 본질적인 의미라고 옛사람들은 생각했던 것입니다.

'본받음'을 본질적인 의미로 하는 '배움'에 관한 옛사람들의 생각을 조금 각색해서 설명하자면, 배움이란 변화와 성장을 위한 새로움과의 만남이라고 말할 수 있습니다. 변화와 성장은 현재의 자기 자신에 대한 성찰과 이를 바탕으로 갖게 된 문제의식에서 출발합니다. 그런데 더 나은 변화와 성장은 현재 자신이 알고 있거나 경험해본 것으로는 가능하지 않습니다. 왜냐하면 현재 자신이 알고 있고 경험해본 것으로 성취한 결과가 현재의 자신이기 때문입니다. 따라서 현재보다 더 나은 상태로 변화하고 성장하기를 원한다면 자신이 알지 못하고 경험해본 적 없는 새로운 것을 통해서만 가능합니다. 그런 점에서, 자신의 외부에 본을 설정하고 이를 닮으려고 애쓰는 본받음과 매우 닮아 있는, 배움은 변화와 성장을 위한 새로움과의 만남이라고 정의할 수 있습니다.

이 대목에서 한 가지 짚어보아야 할 문제가 있습니다. '배움'에 대한 우리의 이해의 문제입니다. 우리는 '배움'이라고 하면 으레 '새로움과의 만남'이라는 측면에서 이해하고 맙니다. 즉, 자신이 알지 못하고 경험해본 적 없는 새로운 것과 만나는 것이 곧 배움이라고 이해하는 것입니다. 물론 이러한 이해가 완전히 잘못된 것은 아닙니다. 배움에서 새로운 것을 만나는 것은 절대적으로 필요한 과정이지요. 다만, 이러한 이해는 새로운 것을 만나는 것에 만족할 뿐 그 새로운 것을 만나는 이유까지 포함하고 있지 못하다는 점에서 문제가 있습니다. 즉, 우리가 새로운 것을 만나야 하는 이유는 지금보다 더 나은 단계로 변화하고 성장하기 위해서라는 점을 놓치고 있다는 것입니다.

물론 여기에서 말하는 변화와 성장은 물질적 풍요나 지위 상승과 같은 외적 조건의 개선을 의미하는 것은 아닙니다. 그보다는 세상을 바라보는 관점이나 대상을 인식하는 사유의 변화와 성장을 통한 사람으로서의 품격 즉, 인격의 변화와 성장을 의미합니다. 좀 더 구체적으로 말하자면, 우리가 알지 못했던 새로운 사실과 경험해본 적 없는 새로운 생각을 만나야 하는 이유는 관점과 사유를 성장시키기 위해서입니다. 요만큼만 보았던 현재의 관점이나 이렇게만 생각했던 현재의 사유를 넘어 더 넓고, 크고, 높고, 멀리 볼 수 있고 생각하기 위해 우리는 새로운 것을 만나는 것입니다. 이 문제는 뒤에서 나를 위한 배움인 '위기지학(爲己之學)'과 남을 위한 배움인 '위인지학(爲人之學)'을 이야기할 때 다시 언급하도록 하겠습니다.

다시 《논어》의 첫 번째 구절 이야기로 돌아와 이야기를 계속하겠습니다. '배움'이란 변화와 성장을 위한 새로움과의 만남이라고 정의했습니다. 이때 '만남'은 이중적인 의미를 갖습니다. 우리는 새로운 것과의 만남을 통해 변화하고 성장할 수 있는 중요한 계기를 맞게 됩니다. 그런 점에서 '만남'은 매우 중요한 의미를 갖습니다. 하지만 이 '만남'이 곧 변화와 성장을 의미하는 것은 아니라는 사실도 알아야 합니다. 즉, 자신이 알지 못했고 경험해본 적 없는 새로운 것을 만났다고 해서 그 즉시 변화하고 성장하는 것은 아니라는 말입니다. 그런 점에서 '만남'은 아직 한계를 갖고 있습니다.

새로 만나게 될 그것은 아직은 우리에게 낯선 것입니다. 왜냐하면 우리는 한 번도 그렇게 살아본 경험이 없을 뿐 아니라, 그런 것이 있는지조차 몰랐기 때문입니다. 새로운 것과 만남으로써 우리는 더 나은 변화와 성장의 가능성을 확인하지만 그 가능성은 가능성일 뿐 아직은 현실이 아닙니다. 그러므로 그 가능성이 실질적인 변화와 성장으로 이어지게 하려면 또 다른 과정이 필요합니다. 낯선 방식과 친숙해지는 과정, 그래서 결과적으로 내 삶이 그렇게 되는 과정입니다. 예컨대, 요만큼만 보고 살았던 우리가, 이렇게만 생각하며 살았던 우리가 실제 삶 속에서 더 넓고, 크고, 높고, 멀리 보고 생각하는 방식과 익숙해지는 과정입니다. 그것이 바로 '익힘'입니다.

'익힘'을 나타내는 한자는 습(習)입니다. 이 글자는 새의 깃털을 뜻하는 글자 '깃 우(羽)'와 흰색을 나타내는 글자 '흰 백(白)'이 결합한 형태입니다. 따라서 형태 구성상 이 글자의 일차적 의미는 '새의 깃털이 하얗다'라고 할 수 있습니다. '깃 우(羽)'자는 단순히 깃털을 뜻하기만 하는 것이 아니라 날개를 뜻하기도 합니다. 따라서 '깃털이 하얗다'라는 습(習) 자의 뜻은 '날개가 하얗다'라는 뜻으로 해석될 수 있습니다. 날개가 하얗다는 것은 구체적으로 어떤 의미일까요? 옛사람들은 이 글자의 뜻을 '조삭비(鳥數飛)'라고 설명했습니다. '조삭비'는 글자 그대로 해석하자면 '새가 자주 날다'가 됩니다만, 이를 풀어서 설명하자면 '새가 날갯짓을 자주 하는 모습'이라고 할 수 있습니다. 즉, '날개가 하얗다'라는 것은 날개의 물리적 색깔이 하얗다는 뜻이 아니라, 새가 날갯짓을 자주 할 때 날개가 하얗게 보이는 현상을 가리키는 것입니다. 다시 말하면 새가 날개를 젓는 속도가 매우 빠를 때 우리 시각에는 날개가 하얗게 보이는 현상을 말합니다.

저는 '익힐 습(習)' 자에 부여된 이런 의미를 좀 더 각색해서 '어린 새가 날기 연습하는 모습'이라고 해석합니다. 벌새처럼 특별한 새는 어른 새가 되어서도 날개가 하얗게 보일 정도로 빠른 날갯짓을 하지만, 대부분의 새는 어른 새가 되면 날갯짓을 그렇게 하지 않습니다. 그러나 그 어떤 새도 어린 새였을 때는 날지 못하는 상태에서 나는 상태로 변화하기 위해 반드시 날개가 하얗게 보일 정도로 날갯짓하는 과정을 거치게 됩니다. 제가 '익힐 습(習)' 자를 '어린 새가 날기 연습하는 모습'이라고 해석하는 까닭은, 옛사람들이 말한 '날갯짓을 자주 하는' 새는 어떤 특정한 종류의 새를 지칭하는 것이 아니라 날갯짓을 자주 할 수밖에 없는 상태의 새 즉, 어린 새를 지칭하는 것으로 보기 때문입니다. 날갯짓을 자주 하는 이유 또한 어린 새가 날지 못하는 상태에서 날기 위해 연습을 하는 것으로 보기 때문입니다. 이런 관점에서 '익힐 습(習)' 자의 의미를 살펴보면 매우 깊은 속뜻이 숨어 있음을 알게 됩니다.

알에서 깨어난 어린 새는 어미 새가 물어다 준 먹이를 받아먹으며 하루가 다르게 자랍니다. 몸집이 커지면서 옆구리에 돋아난 날개도 점점 커지지요. 날개가 커진 어린 새는 누가 가르쳐주지 않아도 스스로 날갯짓을 합니다. 새는 '날짐승' 즉, '나는 동물'입니다. 새는 낢으로써 다른 동물들과 다른 자신만의 존재 이유를 성취하게 됩니다. 어린 새가 날갯짓을 하는 것은 완성된 존재를 지향하는 몸짓입니다. 하지만 둥지 안에서 하는 날갯짓만으로 새는 결코 날 수 없습니다. 날고 싶지만

날지 못하는 상황에서 어린 새는 부족과 결핍을 느낍니다. 한 단계 변화하고 성장하기 위해서는 둥지에만 머물러 있을 수는 없습니다. 한 번도 경험해본 적 없는 새로운 세상으로 뛰어들지 않으면 안 됩니다. 그래서 새는 익숙하고 편안한 둥지를 박차고 낯설고 위험한 둥지 밖으로 몸을 던지는 선택을 하게 됩니다. 비상을 꿈꾸며 둥지 밖으로 몸을 던졌지만, 어린 새가 맞닥뜨린 현실은 추락입니다. 추락하는 어린 새에게는 나는 것이 문제가 아니라 사는 것이 문제가 됩니다. 이런 상황에서 어린 새가 죽지 않기 위해 할 수 있는 것이 무엇일까요? 죽기 살기로 날개를 젓는 것뿐입니다. 날개가 하얗게 보일 만큼 말입니다. '익힐 습(習)'자는 바로 이 장면을 포착한 글자라고 생각합니다.

옛사람들이 어린 새의 날기 연습 과정을 본떠서 '습(習)'이라는 글자를 만들고 이 글자에 '익힘'이라는 뜻을 담았을 때, 어쩌면 다음과 같은 물음도 함께 담아두었는지 모릅니다. "왜 어린 새는 편안한 둥지를 버리고 몸을 던져서 죽기 살기로 몸부림치며 날갯짓을 하는 것일까?" 당연히 날기 위해서입니다. 날지 못했던 새가 나는 새로 변화하고 성장하기 위해서입니다. 옛사람들이 준비한 물음은 또 이어집니다. "그렇다면 알지 못하고 경험해본 적 없는 새로운 것을 통해 변화하고 성장하기 위해 우리는 어떻게 해야 할까?" 역시 당연하게도 어린 새처럼 낯설고 위험한 상황에 기꺼이 몸을 던지는 용기와 죽기 살기로 몸부림치는 절실함을 가져야 합니다. 그런 용기와 절실함 없이 변화와 성장을 그저 바라기만 한다고 이루어질 리는 만무합니다.

지금 내 상황이 뭔가 부족하고 결핍되어 있음을 알아차리는 성찰도 중요하지만, 그것을 변화와 성장으로 이어지게 하는 실질적인 노력이 필요합니다. 새로움과 만남을 통해 중요한 계기를 맞지만, 만남이 곧 변화와 성장을 의미하지는 않습니다. 참으로 변화하고 성장하기 위해서는 그동안의 방식과 전혀 다른 방식을 기꺼이 내 삶으로 받아들이고 내 것이 되게 하려는 노력이 더해져야 합니다. 그 과정은 새가 익숙하고 편안한 둥지를 버리고 낯설고 위험한 둥지 밖으로 몸을 던지는 것만큼이나 힘들고 어려울 것입니다. 그렇지 않고서는 결코 변화와 성장을 기대할 수 없는 것 또한 당연합니다. 이런 점에서 옛사람들이 어린 새가 날기 연습하는 모습을 통해 '익힘'이라는 뜻을 전달하려 한 것은 기막힌 탁견입니다.

어린 새 이야기를 조금 더 해보겠습니다. 추락하던 어린 새는 몸부림치듯 날개를 저어서 거의 땅바닥까지 떨어질 때쯤 방향을 바꾸어 푸드덕푸드덕하며 둥지로 돌아올 것입니다. 비상을 위한 도전이 추락이었다고 해서, 어린 새는 둥지 밖으로 몸을 던졌던 자신의 선택을 후회하거나 포기하지 않습니다.

선택이 잘못되어서 추락한 것이 아니라 아직 익숙하지 않아서일 뿐임을 어린 새는 알기 때문입니다. 선택이 옳다면 도전은 계속됩니다. 어린 새는 추락할 줄 알면서도 또 둥지 밖으로 몸을 던집니다. 던지고, 던지고 또 던집니다. 기어이 날게 될 때까지 어린 새는 몸을 던집니다. 그리고 마침내 날지 못했던 어린 새는 날게 됩니다. 날지 못했던 새에게 날게 되었다는 것은 얼마나 큰 변화이고 성장이겠습니까. 변화와 성장은 기존의 삶과는 전혀 다른 삶이 앞으로 전개될 것임을 뜻합니다. 둥지 안에서 숲을 멀뚱히 바라볼 수밖에 없었던 어린 새는 이제 둥지를 벗어나 숲속에서 이 가지 저 가지를 옮겨 다니며 신나게 날아다닙니다.

변화와 성장은 한 번으로 끝날 문제가 아니라는 점 또한 중요합니다. 숲속을 신나게 날아다니던 어린 새는 며칠이 지나자 숲에서 또 다른 부족과 결핍을 느낍니다. 숲속을 날아다니는 것이 익숙해진 어린 새에게 이 숲은 더 이상 날 곳이 없는 비좁은 숲이 됩니다. 날 곳 없는 숲을 보며 부족과 결핍을 느낀 어린 새는 다시 숲 밖을 꿈꾸게 됩니다. 만일 이 어린 새가 여전히 날지 못했다면 결코 숲 밖을 꿈꾸지 않았을 겁니다. 변화와 성장은 기존의 삶과 다른 삶을 가능하게 하면서 동시에 또 다른 변화와 성장의 시작이 됩니다. 마침내 숲을 벗어나 하늘로 날아오른 어린 새 앞에는 새로운 세상이 펼쳐집니다. 들기만 했던 파란 하늘과 하얀 구름을 직접 봅니다. 세상과 동의어였던 '숲'은 지평선까지 이어진 광활한 숲의 한 점이었다는 것도 확인합니다. 숲속에서만 살아서는 결코 볼 수 없었을 새로운 세상이 그곳에 있습니다.

여기에서 우리는 새로운 세상에 대해 생각해볼 필요가 있습니다. 새로운 세상이란 없었던 세상을 의미하는 것이 아닙니다. 다만 그동안 만나지 못한 세상일 뿐입니다. 또한 새로운 세상이란 세상이 변해서 우리 앞에 던져진 세상이 아닙니다. 우리가 변화하고 성장했을 때 만나게 되는 세상일 뿐입니다. 그렇다면 새로운 세상이 갖는 '새롭다'의 진정한 의미는 세상이 새로워지는 것이 아니라 우리가 새로워지는 것을 의미합니다.

새로운 세상을 만났을 때 우리의 감정 상태를 한마디로 뭐라고 표현할 수 있을까요? 《논어》에서는 이를 '기쁨'이라고 표현했습니다. '기쁨'을 표현하는 한자 '열(說=悅)'은 희열(喜悅)이나 법열(法悅)에도 쓰입니다. 따라서 이 '기쁨'은 내면에서 샘솟는, 말로 표현하기 어려운 가슴 벅찬 상태를 뜻한다고 볼 수 있습니다. 그것은 누구와도 공유하기 어렵고, 누구에게 설명하기 쉽지 않은, 오로지 자신만이 느낄 수 있는 어떤 것입니다.

이제 앞에서 난감해했던 질문과 다시 한번 만나보겠습니다. 《논어》의 첫 번째 편, 첫 번째 글의 첫 번째 구절인 "배우고 시간 나는 대로 익힌다면 또한 기쁘지 않겠는가" 이 말이 이해가 되십니까? 이 말이 압축해서 켜켜이 담고 있었던 의미를 풀어보았으니 이제는 이 말이 충분히 이해가 되시리라 믿습니다. 공자가 제자들에게 '배움'과 '익힘'을 이야기한 이유는 물론, 제자들이 선생님의 수많은 말씀 중에서도 이 말씀을 가장 대표적인 말씀으로 선택한 이유까지도 이해할 수 있으실 겁니다.

제자가 찾아오니
얼마나 즐거운가

"벗이 먼 곳에서부터 온다면 또한 즐겁지 않겠는가?"

두 번째 구절에서 주목할 말은 '벗[朋]', '찾아옴[來]' 그리고 '즐거움[樂]'입니다. 먼저 '벗'에 대해 살펴보도록 하겠습니다. '벗'의 사전적 정의는 "마음이 서로 통하여 가깝게 사귀는 사람"이라고 되어 있습니다. 당연히 이 말의 핵심은 '가깝게 사귀다'가 아니라 '마음이 통하다'가 될 것입니다. 옛사람들은 '벗'을 '동지(同志)' 즉, 뜻을 같이하는 사람 또는 '동류(同類)' 즉, 같은 부류의 사람이라고 설명했습니다. 이러한 설명 중에서 '동지'라는 표현에 주목할 필요가 있습니다. '동지'에서 '뜻 지(志)' 자는 원래 '무엇인가를 지향해 가다'라는 뜻을 가진 '갈 지(之)'와 '마음'을 뜻하는 '마음 심(心)'이 결합한 글자입니다. 즉, '지(志)' 자는 '무엇인가를 지향해 가는 마음'이라는 뜻을 갖고 있습니다. 그렇다면 '뜻을 같이하는 사람[同志]'이란 '무엇인가에 대해 지향하는 마음이 같은 사람'이라고 정의할 수 있겠습니다. 그리고 '같은 부류의 사람[同類]' 역시 마음속 지향성이 같은 사람으로 이해해도 될 것입니다.

'벗'에 대한 이러한 이해를 바탕으로 살펴볼 만한 중요한 개념이 또 하나 있습니다. 그것은 바로 '도반(道伴)'입니다. '도반'은 '길 도(道)' 자와 '짝 반(伴)' 자가 합해진 개념으로, '같은 길을 가는 짝'이라고 해석할 수 있습니다. '같은 길을 간다'라는 것이 의미하는 바는 무엇일까요? 그것은 이미 앞에서 살펴본 '길[道]'이라는 개념에서 답을 찾을 수 있습니다. 즉, '같은 길을 간다'라는 것은 삶의 방향과 방법을 공유한다는 뜻입니다. 그러므로 '같은 길을 가는 사람'[道伴]은 '마음속 지향성이 같은 사람'[同志, 同類]과 동일한 의미로 이해해도 무리가 아닐 것입니다.

'벗'의 의미가 마음의 지향성을 공유하면서 같은 길을 걸어가는 사람을 가리키는 것이라 할 때, 가장 신뢰할 수 있는 '벗'은 누구일까요? 아무래도 스승이 아닐까요? 왜냐하면 어디로 향해야 할지 막막해할 때 나에게 '길'을 제시해준 분, 또한 그 길을 어떻게 가야 할지 난감해할 때 의지가 되어준 분이 바로 스승이기 때문입니다. 이런 점에 비추어보면 스승보다 더한 '도반'은 있을 수 없습니다. 문제는 스승은 스승이지 벗이 될 수 없는 것 아닐까 하는 우리의 생각

입니다. 하지만 그것은 어디까지나 우리의 생각일 뿐입니다. 스승 역시 넓은 의미에서 벗일 수 있다는 증거를 보여드리도록 하겠습니다.

이 사진은 저의 은사이신 겸산 선생님께서 제게 보내주신 편지입니다. 제가 이 편지를 보여드리는 것은 편지의

내용 때문이 아니라, 편지 말미에 쓰인 부분 때문입니다. 선생님께서는 편지에서 제게 당부하실 말씀을 꼼꼼히 적으시고는 다음과 같이 쓰셨습니다. "계유 유월 상순 노우 안병탁 돈[癸酉 榴月 上旬 老友 安秉柝 頓]" 유월(榴月)은 석류꽃 피는 달을 가리키는 말로 음력 5월의 별칭입니다. 이 밖에도 음력 2월은 행월(杏月: 살구꽃 피는 달), 3월은 도월(桃月: 복사꽃 피는 달), 4월은 괴월(槐月: 회화꽃 피는 달)로 불렀습니다. 옛사람들은 같은 달을 표기해도 단순히 숫자로 몇 번째 달인지를 표기하기보다 시간과 공간이 연출하는 그 시기의 가장 대표적인 자연현상으로 표기했습니다. 소소해 보일 수 있지만 사려 깊고 운치 있는 소중한 전통입니다. 상순은 아시다시피 한 달을 셋으로 나누었을 때 첫 번째 열흘 단위를 나타내는 말로, 초하루부터 열흘 사이를 일컫는 표현입니다. 옛사람들은 날짜를 콕 집어서 기록하기보다 이렇게 여유롭게 표기하기를 좋아했습니다. 혹 정확성이 떨어진다고 느껴질지 모르지만, 달리 보면 시간을 매우 여유롭게 활용한 넉넉함을 느낄 수 있습니다.

제가 이 편지를 보여드린 진짜 이유는 바로 선생님의 존함 앞에 쓰신 '노우(老友)'라는 표현 때문입니다. 노우(老友), 늙은 벗. 선생님은 당신 스스로를 늙은 벗이라 칭하셨습니다. 제가 이 편지를 받았을 때가 스물두 살이었습니다. 편지를 보내주신 겸산 선생님은 당시 연세가 아흔이었습니다. 아흔의 연세 높은 스승께서 손자와도 같은 어린 제자에게 손수 편지를 써 주시면서 스스로 '늙은 벗'이라 칭하신 것입니다. 스스로를 '벗'이라 칭하셨기에 존함 뒤에는 '돈(頓)'이라는 표현을 쓰셨습니다. 이 표현은 '조아리다'라는 뜻을 갖습니다. 즉, 상대방에게 예를 표하는 모습을 나타내는 표현입니다.

사실 겸산 선생님이 특별해서 그리 하신 것은 아닙니다. 앞서 퇴계 선생이 운명하시기 나흘 전에 제자들을 만난 장면에서도 이런 모습을 확인할 수 있습니다. 그때 퇴계 선생은 제자들에게 이렇게 말했습니다. "평소 그릇된 식견으로 제군들과 강론을 하였는데 이 또한 쉽지만은 않은 일이었다." 여기에서 퇴계 선생은 왜 제자들에게 '가르쳤다'라는 표현 대신 '강론했다'라는 표현을 썼을까요? 엄격하게 따지자면 '강론'이란 사제간보다는 붕우 간에 이루어지는 것이라 할 수 있습니다. 퇴계 선생께서 군이 '강론'이라는 표현을 사용하신 것은 제자들에 대한 자신의 역할을 '가르침'이라고 보지 않았기 때문입니다. 앞에서 언급했던 것처럼, 누군가는 해야 할 스승의 역할을 자신이라도 해야 했기 때문에 한 것일 뿐, 자신이 스승으로서 충분해서라고 보지 않았기 때문입니다. 그래서 옛 스승들은 제자들에게 '스승'이라는 표현보다 '벗'이라는 표현을 썼을 것이며, 겸산 선생님 역시 그러한 아름다운 전통의 끝자락에 계셨기 때문에 이런 표현을 쓰셨을 것이라 믿습니다.

다음으로 살펴볼 말은 '찾아옴[來]'입니다. 여기에서 말하는 '오다' 역시 '말하는 사람이 있는 쪽으로 움직여 위치를 옮기다'라는 단순한 사전적 정의 이상의 의미를 담고 있습니다. 이 글에서 '오다'라는 말은 오지 않으면 안 되는 '이유'까지 찾아 읽어야 합니다. 그것은 벌과 나비가 꽃을 찾아오는 장면을 연상하면 쉽게 이해할 수 있습니다. 벌과 나비가 꽃을 찾아올 때, 벌과 나비는 분명 꽃이 있는 쪽으로 움직여 위치를 옮겼을 것입니다. 벌과 나비가 그렇게 한 이유는 그 꽃에 꿀이 있기 때문입니다. 그렇지 않다면 벌과 나비는 굳이 꽃이 있는 쪽으로 위치를 옮기지 않았을 겁니다. 사람이 사람을 찾아오는 것 또한 마찬가지입니다. 누군가가 누군가를 찾아올 때는 반드시 그럴 만한 이유가 있기 때문입니다. 그것도 벗이 벗을 찾아 먼 곳에서부터 온다면 그 이유는 더욱 절실할 것입니다. 여기에서 말하는 '찾아옴'을 이해하려면 바로 그 이유를 찾아내야 합니다.

앞에서 우리는 '벗'의 의미를 '뜻을 같이하는 사람'[同志] 또는 '같은 길을 가는 짝'[道伴]이라는 측면에서 살펴보았습니다. 이 말은 벗이란 나이나 지위 또는 학력과 같은 조건이 동등해서 이루어지는 관계가 아니라, 삶에 대한 지향성과 이를 실천할 방법에 대한 생각이 같아야 이루어지는 관계라는 뜻입니다. 실제로 벗이라는 이름으로 사귈 때 한쪽은 더 길거나 넉넉하고 다른 한쪽은 더 짧거나 모자랄 수 있습니다. 모든 면에서 우열과 장단의 차이가 날 수도 있고, 어떤 면에서만 그럴 수도 있습니다. 중요한 것은 짧은 쪽이 긴 쪽에게 도움을 받고, 넉넉한 사람이 모자란 사람에게 기꺼이 도움을 주는 것이 벗을 사귀는 본질이라는 것입니다. 이를 옛사람들은 '책선(責善)'이라고 정리했습니다. 즉, 벗이란 서로가 서로를 통해 더 나아지려고 해야 하며, 이에 대한 책임을 다해야 한다는 뜻입니다.

이 대목에서 한 가지 생각해보아야 할 문제가 있습니다. 긴 사람과 짧은 사람, 넉넉한 사람과 모자란 사람이 있다고 할 때, 길고 넉넉한 사람이 짧고 모자란 사람에게 자신의 것을 나누어주겠노라고 먼저 나설 수 있을까 하는 것입니다. 물론 그럴 수도 있겠으나, 만일 그 상황에서 짧고 모자란 사람이 그것을 받아들일 준비가 되어 있지 않거나 그러려는 의지가 없다면 어떻겠습니까? 이런 상황에서도 자신의 것을 나누어주려고 한다면, 그 의도의 순수성에도 불구하고 결과는 불행으로 치달을 가능성이 높습니다. 그러나 만일 짧고 모자란 사람이 길고 넉넉한 사람을 찾아와 자신의 부족하고 결핍된 부분을 보완해달라고 요청한다면 어떻겠습니까? 이때 길고 넉넉한 사람이 기꺼이 그 요청을 받아들인다면, 결과는 훨씬 다행스러운 방향으로 전개될 것입니다. "벗이 먼 곳에서부터 찾아온다"가 의미하는 바는 바로 이 점에 초점이 맞추어져 있습니다.

여기에서 우리는 '먼 곳에서부터 찾아온 벗'이 곧 '스승을 찾아온 제자'를 가리키는 말이라는 사실을 알게 됩니다. 그리고 다음과 같은 몇 가지를 연상하게 됩니다. 첫 번째는 '가서 가르치는 법 없다'는 옛사람들의 원칙입니다. 배우러 찾아온 제자조차 쉽사리 거두지 않았던 스승들에게 찾아가서 가르친다는 것은 있을 수 없는 일입니다. 두 번째는 앞서 스승을 이야기할 때 언급했던 '선택'의 문제를 연상하게 됩니다. 스승과 제자의 관계는 항상 제자의 선택으로부터 시작되는 이유가 무엇인지를 여기에서 확인할 수 있습니다.

아무튼 짧고 모자란 벗(제자)은 길고 넉넉한 벗(스승)을 찾아옵니다. 그러면 길고 넉넉한 벗은 자신이 알고 있는 최선의 길을 최선의 방법으로 자신을 찾아온 이에게 전해줄 것입니다. 이때 그가 전해줄 수 있는 것이란 그 자신을 기쁘게 했던 바로 그것입니다. 만나서 기뻤고, 걸어감으로써 기쁨을 얻을 수 있었던 그 길 말입니다. 한편, 그 길을 확신하고 그 길을 걸어간 사람이 전해주는 길이기에 찾아온 벗은 가르침을 신뢰하고 가르침대로 따르기로 다짐합니다. 만일 자신이 기쁨을 느끼지 않은 것을, 자신이 옳다고 믿지 않는 것을 누군가에게 전해준다면 그것은 사기일 뿐만 아니라, 결코 신뢰와 희망을 줄 수 없을 것입니다.

앞에서 이야기했던 '어린 새'의 비유를 들어보겠습니다. 어린 새는 하늘까지 날아올라서 새로운 세상을 만나고, 이를 통해 커다란 희열을 느끼게 됩니다. 그리고 어린 새는 다시 둥지로 돌아옵니다. 둥지에는 같은 시기에 알에서 부화된 또 다른 어린 새들이 있습니다. 당연히 날고는 싶지만 어떻게 해야 할지 아직 모르는 어린 새들입니다. 날고 싶어 하는 새들 앞에 하늘까지 날아 올라가본 새가 돌아옵니다. 아직 날지 못하는 새들은 하늘을 날아본 새 앞으로 다가와서는, 어찌 하면 그렇게 날 수 있는지 물을 것입니다. 그때 하늘을 난 새는 자신의 경험을 이야기해줍니다. 반드시 알아야 할 중요한 내용은 물론이고, 되풀이하지 말기 바라는 시행착오도 함께 담아 전해줍니다. 그러면서 하늘을 난 새는 마지막에 이렇게 말합니다. "이렇게 하면 날 수 있다!" 이 말이 끝났을 때 날지 못하는 새들의 눈에는 희망과 확신이 차오를 것입니다.

이 지점에서 생각해볼 문제는 이러한 희망과 확신이 어떻게 가능했을까 하는 점입니다. 날지 못하는 새들이 희망과 확신을 가질 수 있었던 것은 전해주는 내용이 옳기 때문만은 아니었을 것입니다. 만일 내용의 옳음이 희망과 확신을 담보한다면, 내용을 전하는 이에 상관없이 그 내용을 듣는 이들은 희망과 확신을 가져야 할 것입니다. 하지만 정말 그럴까요? 날지 못하는 새들이 희망과 확신을 가질 수 있었던 것은 하늘까지 날아 올라가본 새가 그 내용을 전해주었기 때문이 아닐까요? 그렇다면 내용의 옳음과 더불어 그 내용을 누가 전해주는 지도 매우 중요하다 하겠습니다. 즉, 같은 내용을 말하더라도 "이렇게 하면 날 수 있대!"라고 남의 이야기를 전해주는 것이 아니라 "이렇게 하면 날 수 있다!"라고 자신의 이야기를 해줄 수 있는 새가 전해줄 때 비로소 희망과 확신을 가질 수 있을 것입니다.

희망과 확신을 갖게 되면 기꺼이 그 길로 나서게 됩니다. 희망과 확신이 있기에 어떤 고난과 시련이 닥쳐도 흔들리지 않고 끝까지 도전해 성취합니다. 날지 못하는 새들도 날아본 새의 조언과 충고를 통해 날 수 있다는 희망과 확신을 갖게 되자, 기꺼이 둥지 밖으로 몸을 던지고 결국 하늘까지 날아오르게 됩니다. 그리고 모든 새는 첫 번째 새가 그랬듯 새로운 세상을 만나고 '기쁨'을 느끼게 될 것입니다.

두 번째 구절에서 주목해야 할 세 번째 단어인 '즐거움[樂]'은 개별적 '기쁨'을 한데 묶어내는 개념으로, 개별적 기쁨이 모여 새로운 형태로 승화하는 모습을 표현합니다. 기쁨은 내면에서 샘솟는 가슴 벅찬 감정입니다. 하지만 그것은 혼자서만 느낄 수 있는 것입니다. 이에 비해 즐거움은 모두가 기쁨을 갖고 공감함으로써 함께 누리는 상태입니다. 기쁨이 즐거움으로 승화되었다는 것은 자신을 좋은 사람으로 만들어가는 개인적인 변화가 결국 나로 인해 나의 벗들도 좋은 사람이 되어가는 사회적 변화를 일으키는 과정을 상징합니다.

우리는 앞에서 '새로운 세상이란 세상 그 자체가 변화하는 것이 아니라 자신이 변함으로써 만나게 되는 것'이라고 이야기했습니다. 왜냐하면 세상은 그렇게 쉽게 변하지 않기 때문입니다. 그런데 여기에서는 세상이 어떻게 변할 수 있는지를 보여줍니다. 세상이 변하기를 기다리지 않고 나 자신을 변화시킬 때, 그 변화는 나를 변화시키는 것으로 끝나지 않고 또 다른 변화의 파장을 일으키는 동력이 된다는 것입니다. 그 파장의 결과물이 개별적 '기쁨'이라면, 그 '기쁨'의 총체적 승화상이 여기에서 말하는 '즐거움'이라는 것입니다. "벗이 먼 곳에서부터 온다면 또한 즐겁지 않겠는가?"가 압축하고 있는 의미가 이것입니다.

이제 파편적으로 설명했던 개념에 대한 이해를 바탕으로 "벗이 먼 곳에서부터 온다면 또한 즐겁지 않겠는가?"가 무엇을 뜻하는지 종합적으로 살펴보겠습니다. '벗이 먼 곳에서부터 온다'라는 말은 자신의 부족과 결핍을 자각한 누군가가 그것을 변화·성장시켜줄 수 있는 누군가를 찾아오는 것입니다. 그것을 우리는 스승을 찾아오는 제자로 설명했습니다. 스승은 자신을 찾아온 제자에게 자신이 알고 있는 최선의 길을 전해줍니다. 제자는 스승의 가르침에서 희망과 확신을 얻고, 결국 변화와 성장의 기쁨을 누리게 됩니다. 변화와 성장을 통해 기쁨을 맛본 벗(스승)을 통해 벗(제자) 역시 변화와 성장을 통한 기쁨을 맛봅니다. 그리고 그 역시 또 다른 누군가의 벗(스승)이 되어 기쁨을 맛볼 수 있는 길로 인도할 것입니다. 이렇게 변화와 성장은 하나의 파장을 일으키게 되는데, 이 파장을 《논어》는 기쁨의 총체적 승화 상인 즐거움으로 표현한 것입니다.

세상이 알아주지 않아도
나를 위해 공부하기

"남이 알아주지 않는다 해도 노여워하지 않는다면 또한 군자답지 않겠는가?"

《논어》첫 번째 편 첫 번째 글의 마지막 구절에서 주목해야 할 점은 '남이 알아줌'에 관한 문제입니다. 남이 알아주고, 알아주지 않고의 문제는 사실 내가 어떤 행위를 해야 할지 하지 말아야 할지를 결정하는 중요한 관건이 아닐뿐더러, 그 행위의 결과를 평가하는 본질적 고려 사항이 아닙니다. 그럼에도 불구하고 우리는 간혹 남이 알아주는지 아닌지에 따라 행위 여부를 판단할 뿐만 아니라 결과를 평가하는 척도로 삼기도 합니다. 《논어》의 첫 번째 편 첫 번째 글의 마지막 구절은 바로 그 문제에 관한 이야기입니다.

비근한 예를 하나 들어보겠습니다. 저는 삼시 세끼를 먹는데, 밥을 먹고 친구를 만났다고 해보죠. 친구는 제가 조금 전무슨 메뉴를 어떻게 먹었는지 전혀 관심을 보이지 않는군요. 이때 저는 그 친구의 무관심에 서운하거나 노여울까요? 일반적인 경우라면 결코 서운하거나 노엽지 않을 겁니다. 밥을 먹는 목적은 내 배를 불리는 데 있고, 밥을 먹음으로써 내 배가부르면 그 행위의 목적은 충분히 달성되기 때문이죠. 그러므로 나의 행위에 대한 남의 관심이나 평가는 아무런 영향을 끼치지 않는 것입니다.

그러나 분명 나를 위한 행위이고, 그 결과 역시 나를 기준으로 평가해야 함에도 불구하고, 남의 관심이나 평가에 귀 기울이고 절대적으로 영향을 받는 경우가 있습니다. 대표적인것이 바로 배움입니다. 배움은 분명 나를 변화시키고 성장시키기 위해 하는 행위입니다. 따라서 배우기 이전보다 배우고난 뒤 자신이 더 나아졌다면 그 배움은 충분히 목적을 달성한것입니다. 그럼에도 불구하고 우리는 자꾸만 어떤 것을 배웠고, 얼마만큼 배웠는지 남들로부터 평가받고 싶어 합니다. 물론 나의 배움이 남에게 좋은 평가까지 받을 수 있다면 좋은 일이 아닐 수 없습니다. 문제는 나의 배움이 나를 변화시키고 성장시킨 결과로 인해 남에게 좋은 평가를 받는 것이 아니라, 남의 관심을 끌고 인정을 받기 위해 나의 배움이 계획되고 수행된다는 것입니다. 이러한 방식은 결국 배움의 본질을 왜곡시킨다는 점에서 문제가 심각합니다. 《논어》의 또 다른 곳에서 공자는 이 문제를 '위기지학(爲己之學)' 즉, 나를 위하는 배움과 '위인지학(爲人之學)' 즉, 남을 위하는 배움으로 설명합니다.

> 선생님께서 말씀하셨다. "옛날의 배우는 이들은 나를 위하였는데, 오늘날의 배우는 이들은 남을 위하는구나."[*]

동양 고전에는 이 글에서처럼 어떤 사안에 대해 옛날에는 어땠는데 오늘날은 어떻다는 방식으로 대비해서 이야기하는 경우가 많습니다. 이런 글을 볼 때는 '옛날'과 '오늘날'이라는 표현이 담고 있는 문맥을 잘 헤아려야 합니다. 이런 경우에 사용되는 '옛날'과 '오늘날'이라는 표현은 단순히 역사적 사실 관계를 병렬적으로 언급하고 있는 것이 아닙니다. 그보다는 어떤 문제 상황에 대한 지적과 그에 대한 대안을 '옛날'과 '오늘날'이라는 표현에 담고 있습니다. 즉, 어느 시대고 자신이 살고 있는 '오늘'은 늘 문제라고 여깁니다. 아무래도 자신이 사는 시대가 더 나아졌으면 하는 바람이 반영된 것이 아닌가

---

[*] 《논어(論語)》〈헌문(憲問)〉: 子曰: "古之學者爲己, 今之學者爲人."

싶습니다. 그래서 '오늘날'로 설명되는 모습은 늘 문제투성이인 경우가 많습니다. 이러한 문제 상황에 대한 대안을 동양 고전에서는 '옛날'에 투영해서 보여줍니다.

특히 유념해야 할 것은 동양 고전에서 말하는 '옛날'은 실제 '옛날'이라기보다 이상적 '옛날'이라는 사실입니다. 즉, '옛날'에는 정말로 그랬다는 사실을 이야기하려는 것이 아니라, '오늘날'이 드러내는 문제 상황이 어떤 방식으로 해결되어야 하는지를 보여주는 대안을 '옛날'에 담아 보여준다는 점에서 그렇습니다. 이러한 방식은 '오늘날'의 사람들로 하여금 그 대안을 매우 자연스럽게 수용하게 만드는 심리적 효과를 발휘합니다. 왜냐하면 바람직한 '옛날'은 문제투성이인 '오늘날'이 잃어버린 자신의 모습이고, 따라서 반드시 되찾아야 할 자신의 모습이라는 당위성을 담고 있기 때문입니다.

그렇다면 "옛날의 배우는 이들은 나를 위하였는데, 오늘날의 배우는 이들은 남을 위하는구나"라는 공자의 이야기 역시 '남을 위하는 배움'을 하는 오늘날의 문제 상황을 지적하면서, 이의 대안인 '나를 위하는 배움'을 옛날이라는 이름으로 제시하고 있는 것으로 보아야 합니다. 그럼 이제 '나를 위한 배움'과 '남을 위한 배움'이 어떤 점에서 어떻게 다른지 살펴보도록 하겠습니다.

'나를 위한 배움' 즉, '위기지학(爲己之學)'에 대해서 먼저 살펴보겠습니다. 우리는 앞에서 배움이란 변화와 성장을 위한 새로움과의 만남이라고 정의했습니다. 배움을 통해 앎을 얻고, 그 앎으로 인해 나의 관점과 사유가 성장하게 됩니다. 이로 말미암아 기존에 바라봤던 관점과 다른 새로운 관점으로 사물을, 삶을, 세상을 바라보게 되고, 보다 넓고, 깊고, 높고, 큰 차원에서 생각할 수 있게 됩니다. 앞에서 언급했던 숲속의 어린 새를 다시 떠올려보시기 바랍니다. 그 어린 새가 새로운 세상을 만났던 까닭이 어디에 있었는지 말입니다. 그것은 오로지 관점의 변화에 있었습니다. 숲속에서 세상을 보는 것과 하늘 위에서 세상을 보는 것은 완전히 다릅니다. 관점이 바뀌면 같은 대상을 보더라도 다른 대상을 만나게 됩니다. 그러니까 나는 늘 넓고, 깊고, 높고, 큰 눈으로 바라보려 해야 하고, 넓고, 깊고, 높고, 큰 가슴으로 생각하려고 노력해야 하는데, 배움을 통해 얻게 된 앎이 나를 그렇게 성장시킨다는 것입니다.

나의 관점과 사유가 성장한다는 것은 곧 나의 인격이 성숙해짐을 뜻합니다. 세상 모든 것에는 품격이 있습니다. 농부가 공들여 기른 농산물에도, 어부가 애써 잡은 생선에도, 장인이 정성껏 만든 물건에도 모두 품격이 있습니다. 그래서 그들의 노력과 정성을 생각하면 아무것이라도 감사히 먹고 써야 하겠지만, 물품을 구입할 때면 당연히 더 좋은 것을 고르게 됩니다. 사람도 마찬가지입니다. 사람이라는 존재 자체는 누구 할 것 없이 모두가 존귀하고 고귀합니다. 그러나 친구를 사귈 때나, 스승을 모실 때나, 배우자를 찾을 때는 아무래도 더 좋은 사람을 고르기 마련입니다. 사람의 품격, 그것이 바로 '인격'입니다.

그렇다면 인격이란 무엇으로 결정되고 판단해야 할까요? 당연히 그 사람 자체가 어떠냐와 관계가 있겠지요. 이 말은 그 사람의 부나 명예나 지위 따위는 인격을 판단하는 본질적 조건이 아니라는 말입니다. 그 사람이 어떤 관점을 갖고, 어떤 방식으로 생각하며, 어떤 태도로 삶을 살아가는지가 곧 그 사람의 품격을 말해줍니다. 만일 그 사람이 뭇사람보다 다양한 관점에서 보고 폭넓은 마음으로 생각하면서 사람들을 대하고 자신이 맡은 일을 수행한다면, 그는 분명 높은 인격을 가진 사람일 것입니다. 반대로 그 사람이 일방적인 관점을 갖고 비좁은 마음으로 자신의 이익만을 위해 살아간다면, 아무래도 그는 좋은 품격을 가진 사람은 아닐 겁니다.

배움을 통해 앎을 얻고, 그 앎으로 인해 나의 관점과 사유가 성장하고, 그 결과 성숙한 인격을 가진 내가 됩니다. 이것을 하나의 흐름이라고 할 때, 이 흐름의 전개 양상을 잘 살펴보십시오. 배움이라는 이름으로 새로운 무엇인가를 만나고부터 나의 인격을 성숙시키기까지 이 흐름은 온전히 내 안에서만 흐르고 있습니다. 나를 벗어나지 않고 내 안에서 나를 변화시키고 성장시키는 흐름입니다. 이것이 바로 '위기지학(爲己之學)' 즉, '나를 위한 배움'입니다.

그렇다면 '위인지학(爲人之學)' 즉, '남을 위한 배움'은 어떤 의미를 갖고 있을까요? '남을 위한 배움'도 배움인 이상 앎을 얻는 것은 당연합니다. 다만 그 앎을 취득하는 이유와 활용하는 방법 그리고 앎을 통해 기대하는 결과가 다를 뿐입니다. 이런 점에서 보았을 때 '남을 위한 배움'은 취득한 앎을 상품 가치 향상이라는 측면에서 활용한다고 볼 수 있습니다.

상품이란 누군가에게 팔기 위한 목적으로 생산한 것을 말합니다. 만일 자신이 먹거나 쓰기 위해 재배하거나 제작했다면 같은 물건이라 해도 상품이라고 하지 않습니다. 결국 어떤 물품이 상품인지 아닌지는 그 물품을 생산한 목적에 의해 결정됩니다. 상품은 판매를 목적으로 하기 때문에 재배하거나 제작할 품목을 결정하는 단계에서부터 구매자의 기호에 민감하게 반응할 수밖에 없습니다. 또한 그 물품을 구매할 사람의 눈길을 끄는 것이 중요하기 때문에 화려한 포장을 하게 됩니다.

이러한 상품의 특징에 비추어 보면 '남을 위한 배움'은 철저하게 상품 가치의 향상을 위해 지식을 활용합니다. 우선 배움을 통해 지식을 취득한 목적이 누군가에게 자신을 팔기 위한 것이라면 그러한 지식은 분명 상품입니다. 더구나 어떤 분야의 지식을 자신이 관심이 있어서가 아니라 구매할(특히 높은 값에 구매할) 사람의 기호에 부합하기 위해 취득하였다면, 나아가 그 분야에 대한 공부를 열심히 한 이유조차 오직 지식을 높은 값에 팔기 위한 '화려한 포장'의 일환이었다면, 그것은 이론의 여지 없이 상품 가치의 향상을 위해 지식을 활용한 것입니다.

그렇다면 지식을 하나의 상품으로 간주하고, 그것을 이왕이면 높은 값에 팔겠다는 것이 왜 문제일까요? 그것은 이러한 배움의 목적과 수행 그리고 기대 결과가 배움의 본질을 왜곡할 가능성이 짙기 때문입니다. 즉, 지식이 상품으로 취급되면 당장 그 지식을 높은 값을 치르고 사줄 사람만 있으면 팔려고 들 뿐, 그 지식이 누구를 위해 어떻게 사용될지는 묻지 않을 것입니다. 예컨대, 어떤 법률가가 뛰어난 법률 지식을 취득하였는데 그의 지식을 부정과 비리를 저지른 권력자나 재력가가 구매해서 법망을 피하려고 한다면 어떻겠습니까? 권력자나 재력가는 법률가의 지식을 매우 높은 값에 사려고 들 것입니다. 이때, 법률가가 자신의 법률 지식을 상품으로 생각한다면 자신의 고객, 그것도 높은 값을 지불할 고객을 위해 판매할 것입니다. 하지만 그것은 법학의 본질적 정신에 부합한다고 말하기는 어려울 것입니다. 지식을 아무런 고민 없이 일반적인 상품과 동일시하는 것은 신중하게 고려해볼 문제입니다. "배운 사람들이 더해"라는 말보다 "배운 사람들은 달라"라는 말을 하면서 살기 위해서는 더욱 그렇습니다.

'남을 위한 배움'은, 어떤 분야를 열심히 공부해서 뛰어난 지식을 취득하였으나, 그것을 오로지 자신에게 값을 지불할 사람을 위해 쓰는 것을 말합니다. 자신의 지식을 누구를 위해 어떻게 쓰는 것이 옳은지 묻지 않고, 오직 더 비싼 값을 지불해줄 사람을 위해서만 씁니다. 공부의 본질에 입각해서 널리 사람들을 위해 쓰는 것이 아니라, 반드시 나에게 대가를 지불할 사람을 위해서만 씁니다. 그 이유는 남들을 위해서가 아니라 제 삶의 물질적 조건을 풍성하게 하기 위해서입니다. 모든 영역의 지식은 세상을 공정하고, 정의롭고, 건강하게 만드는 것을 본질로 할 것입니다. 하지만 지식이 상품이 되는 순간 공정하지 않더라도, 정의롭지 않더라도, 건강하지 않더라도 물질적 대가와 교환할 수만 있다면 얼마든지 그 본질을 저버릴 수 있습니다.

'남을 위한 배움'은 반드시 남의 평가에 의해서만 그 가치가 결정된다고 믿습니다. 바꿔 말하면, 아무리 열심히 공부를 해서 뛰어난 지식을 취득했다 하더라도 그것을 알아주는 이가 없다면 그 배움은 가치가 없다고 믿는 것입니다. 애당초 그 배움은 철저하게 남에게 팔려는 목적으로 계획되고, 수행되고, 취득되었기 때문입니다. 열심히 공부했으나 아무도 알아주지 않으니 그 지식을 비싼 값에 사줄 사람이 없음은 당연합니다.

비싼 값을 받아서 자기 삶의 물질적 조건을 신장시키고자 하였으나 결국 그 '꿈'은 허망한 것이 되고 맙니다.

배움의 결과가 이렇게 귀결되고 만다면, 그에게 남는 것이라고는 불만과 노여움뿐일 것입니다. 이제 그가 선택할 수 있는 길은 두 가지입니다. 하나는 자신을 포함해 세상 모두를 원망하며 사는 것이고, 다른 하나는 자신의 지식이라는 상품을 '떨이' 방식으로 파는 것입니다. 이 방식이 바로 '곡학아세(曲學阿世)'입니다. 즉, 배움을 왜곡하고 세상에 아부하는 것입니다. 어떻게든 세상의 눈길을 끌어보겠다고 학문의 본질 정신을 왜곡하는 것입니다. 어떤 방법이든 남이 알아주기를 바라고 했던 배움은 남이 알아주지 않을 때 자신도 파괴하고 세상도 병들게 합니다.

《논어》의 첫 번째 편 첫 번째 글의 마지막 구절 "남이 알아주지 않는다 해도 노여워하지 않는다면 또한 군자답지 않겠는가"는 이런 맥락에서 한 이야기입니다. 퇴계 선생은 이 문제와 관련하여 제자들에게 다음과 같은 흥미로운 비유를 들어 설명한 바 있습니다.

(퇴계)선생님께서 말씀하셨다. "깊은 산 울창한 숲속에 핀 난초 한 송이가 종일토록 향기로우면서도 정작 자신이 얼마나 향기로운 줄 그 자신도 모른다. 이것이야말로 군자의

'나를 위함[爲己]'의 의미와 정확하게 부합하니 마땅히 깊
이 체득하라."*

"깊은 산 울창한 숲속"이란 아무도 가본 적 없고 누구도 알
지 못하는 곳을 의미합니다. 이런 곳에 난초 한 송이가 피었습
니다. 당연히 이곳에 난초가 피어 있는 줄 아는 사람은 없습니
다. 이곳은 "깊은 산 울창한 숲속"이기 때문입니다. 하지만 이
곳은 세상 그 어느 곳보다 난초가 태어나 자라기에 적당한 곳
입니다. 이곳은 사람들의 발길이 닿지 않은 곳이기 때문입니
다. 땅속에는 풍부한 양분이 있고, 하늘은 따사로운 햇볕과 시
원한 바람과 몸을 적시기에 충분한 이슬을 내려줍니다. 그래
서 이곳에 핀 난초는 세상 그 어느 난초보다 향기로운 향기를
한가득 안에 품고 있습니다. "종일토록 향기롭다"라는 말은
그 향기가 지극히 향기로울 뿐 아니라 오래도록 마르지 않음
을 보여줍니다.

퇴계는 난초가 처한 상황을 이와 같이 설정한 다음 "정작 자
신이 얼마나 향기로운 줄 그 자신도 모른다"라는 말로 난초의
태도를 설명합니다. 난초가 자신의 향기를 체크해서 알고 있다

---

* 《간재집(艮齋集)》 권5 〈계산기선록(溪山記善錄)〉: 先生曰: "深山茂林之中, 有一蘭草,
終日薰香, 而不自知其爲香, 正合於君子爲己之義, 宜深體之."

면, 그것은 자신의 향기를 남이 알아주기를 바라는 마음의 또 다른 표현인지 모릅니다. 만일 남에게 자신의 향기를 어필할 생각이 없다면 자기 자신조차 자신의 향기에 관심을 두지 않을 것이기 때문입니다. 자신의 향기에조차 관심을 두지 않았던 난초가 관심을 가진 것은 오직 건강한 자신의 삶뿐입니다. 양분을 빨아들이고, 햇볕을 쪼이고, 바람을 쏘이고, 이슬을 맞으면서 그저 자신의 삶을 건강하게 하는 것뿐입니다. 향기는 단지 자신이 건강했을 때 드러나는 결과물일 뿐입니다.

퇴계는 이러한 난초의 태도야말로 "군자의 '나를 위함[爲己]'의 의미와 정확하게 부합한다"라고 말하면서 제자들에게 깊이 체득하라고 당부합니다. 즉, 퇴계가 난초의 비유를 통해 설명하고자 했던 것은 '나를 위함[爲己]'의 태도였던 것입니다. 특히 제자들에게 공부하는 목적이 어떤 것이어야 하는지를 일러주고자 이 이야기를 했을 것입니다. 배움을 통해 자신이 더 나은 사람으로 변화하고 성장하면 되는 것이지, 남을 의식하거나 남에게 영합하기 위한 배움은 곤란하다는 점을 일깨워주고자 이 이야기를 했을 것입니다. 그러기 위해서는 자신의 배움을 수치화된 지표로 체크하면서 괴로워하지 말고, 일상의 삶 속에서 관점이 변화하고 사유가 성장하는 경험을 하면서 기뻐하는 것이 배움의 본질임을 이야기하고자 했을 것입니다.

퇴계의 이 이야기는 '나를 위한 배움[爲己之學]'의 의미와《논어》의 첫 번째 편 첫 번째 글의 마지막 구절이 이야기하는 "남이 알아주지 않는다 해도 노여워하지 않는다면 또한 군자답지 않겠느냐"의 의미가 어떻게 연계되어 있는지를 잘 보여줍니다. '나를 위한 배움'은 나의 관점과 사유가 성장하고, 그로 인해 나의 인격이 성숙하는 것을 목적으로 합니다. 배움이 시작되고 끝나는 흐름이 결코 나를 벗어나지 않기에 그 배움은 철저하게 나를 위한 것이라 할 수 있습니다. 철저하게 나를 변화시키고 성장시키는 데 초점이 맞추어져 있기 때문에 남이 알아주고 알아주지 않는 것은 아무런 문제가 되지 않습니다. 하지만 '남을 위한 배움'은 나의 상품 가치를 향상시키고, 그로 인해 내 삶의 물질적 조건을 신장시키는 것을 목적으로 합니다. 배움이 오로지 나의 지식을 구매할 사람을 향해 있기에 그 배움은 한사코 남의 인지와 평가에 민감할 수밖에 없습니다.

이러한 속뜻을 모를 경우, '나를 위한 배움'은 언뜻 이기적인 배움인 것처럼 느껴지고, '남을 위한 배움'은 이타적인 배움인 것처럼 느껴집니다. 하지만 '나를 위한 배움'은 성숙한 인격을 바탕으로 세상을 위해 고민하고 행동하는 삶을 살도록 한다는 점에서 곧 '세상 모두를 위한 배움'으로 나아갑니다. 이에 비해 '남을 위한 배움'은 물질적 대가가 궁극적 목적이기 때문에 세상에 대해 무관심하거나 타협하는 삶을 살도록 한다는 점에서 '누구도 위하지 못하는 배움'에 머물고 맙니다.

우리 속담에 "배워서 남 주나?"라는 속담이 있습니다. 이 속담의 진정한 속내는 본래 '나를 위한 배움'과 맞닿아 있을 것입니다. 그것은 "배운 사람들은 달라"와 같은 맥락에서 이야기되었을 것입니다. 그러나 '남을 위한 배움'이 극성을 부리면 배움의 본질은 왜곡되고 "배워서 남 주나?"도 이기적인 양상을 띠게 됩니다. 그 결과 "배운 사람들이 더해"라는 말을 듣게 됩니다. 그래서 언젠가부터 우리 사회에는 "배워서 남 주자!"라는 말로 이 왜곡된 배움의 현상을 꼬집고 배움의 본질을 직시하려는 움직임이 일었습니다. 그럼에도 불구하고 분명한 것은, 배움이 나를 철저하게 변화시켰을 때 비로소 남에게도 배움의 영향이 미친다는 사실입니다. 나를 변화시키지 못하는 배움은 남에게 아무런 영향도 줄 수 없습니다. 이런 점에서 배움에 관한 옛사람들의 생각을 다음과 같이 정리해볼 수 있습니다.

"배움으로 인해 나의 삶이 변화·성장하고,
그로 인해 좋은 세상을 위한 파장이
나로부터 비롯되게 하라!"

서당 공부

초판 1쇄 발행 2025년 1월 25일

지은이	한재훈
펴낸이	문채원

펴낸곳	도서출판 사우
출판	등록 2014-000017호
전화	02-2642-6420
팩스	0504-156-6085
전자우편	sawoopub@gmail.com

ISBN 979-11-94126-06-5 (03370)